大学学科地图丛书

丛书总策划　　周雁翎

社会科学策划　　刘　军

人文学科策划　　周志刚

~ 大学 学科地图 丛书 ~

教育学与心理学系列

A GUIDEBOOK FOR STUDENTS

特殊教育学
学科地图

方俊明　方维慰　著

图书在版编目(CIP)数据

特殊教育学学科地图/方俊明，方维慰著. —北京：北京大学出版社，2020.10
（大学学科地图丛书）

ISBN 978-7-301-31717-4

Ⅰ．①特… Ⅱ．①方… ②方… Ⅲ．①特殊教育—高等学校—教材 Ⅳ．①G76

中国版本图书馆 CIP 数据核字(2020)第 188295 号

书　　　名	特殊教育学学科地图 TESHU JIAOYUXUE XUEKE DITU
著作责任者	方俊明　方维慰　著
责 任 编 辑	刘　军
标 准 书 号	ISBN 978-7-301-31717-4
出 版 发 行	北京大学出版社
地　　　址	北京市海淀区成府路 205 号　100871
网　　　址	http://www.pup.cn
电 子 信 箱	zyl@pup.pku.edu.cn　　新浪微博：@北京大学出版社
电　　　话	邮购部 010-62752015　发行部 010-62750672　编辑部 010-62767346
印 刷 者	北京鑫海金澳胶印有限公司
经 销 者	新华书店
	730 毫米×1020 毫米　16 开本　15.25 印张　200 千字 2020 年 10 月第 1 版　2020 年 10 月第 1 次印刷
定　　　价	54.00 元

未经许可，不得以任何方式复制或抄袭本书之部分或全部内容。

版权所有，侵权必究

举报电话：010-62752024　电子信箱：fd@pup.pku.edu.cn

图书如有印装质量问题，请与出版部联系，电话：010-62756370

大学学科地图丛书编写说明

"大学学科地图丛书"是一套简明的学科指南。

这套丛书试图通过提炼各学科的研究对象、概念、范畴、基本问题、致思方式、知识结构、表述方式,阐述学科的历史发展脉络,描绘学科的整体面貌,展现学科的发展趋势及前沿,将学科经纬梳理清楚,为大学生、研究生和青年教师提供进入该学科的门径,训练其专业思维和批判性思维,培养学术兴趣,使其了解现代学术分科的意义和局限,养成整全的学术眼光。

"大学学科地图丛书"的作者不但熟谙教学,而且在各学科共同体内具有良好的声望,对学科历史具有宏观全面的视野,对学科本质具有深刻的把握,对学科内在逻辑具有良好的驾驭能力。他们以巨大的热情投入到书稿的写作中,对提纲反复斟酌,对书稿反复修改,力图使书稿既能清晰展现学科发展的历史脉络,又能准确体现学科发展前沿和未来趋势。

近年来,弱化教学的现象在我国大学不断蔓延。这种倾向不但背离了大学教育的根本使命,而且直接造成了大学教育质量的下滑。因此,当前对各学科进行系统梳理、反思和研究,不但十分必要,而且迫在眉睫。

希望这套丛书的出版能为大学生、研究生和青年教师提供初登"学科堂奥"的进学指南,能为进一步提高大学教育质量、推动现行学科体系的发展与完善尽一份心力。

北京大学出版社

前　言

《特殊教育学学科地图》是特殊教育学的学科指南,旨在帮助读者掌握该学科的基本概况和整体图景。

第一章概述特殊教育学的学科内容,探讨特殊教育学的学科定位和学科前沿。

第二章介绍特殊教育学的学科发展历程。

第三章和第四章介绍特殊教育学学科核心概念和关键术语。

第五章介绍特殊教育学学科代表人物,即国内外推动特殊教育学学科发展的代表人物。

第六章介绍特殊教育学学科理论基础和研究方法。

第七章介绍特殊教育学支持保障体系的构建与完善。

第八章介绍特殊教育学主要的专业组织、学术期刊与网络资源。

此外,本书的附录部分,介绍了国际残疾人日、国际聋人节、国际盲人节、特殊奥林匹克运动会、全国助残日、世界自闭症日等有关特殊教育的节日或活动。

限于水平,本书与预期的目标可能有一定的距离,希望能起到抛砖引玉的作用。作者诚恳地希望得到专家同行及普通读者的指正。

目 录

第一章　特殊教育学学科概述 ·· 1
　第一节　特殊教育学学科定位 ·· 2
　第二节　特殊教育学学科前沿 ··· 11

第二章　特殊教育学学科发展历程 ··· 21
　第一节　古代特殊教育的萌生 ··· 21
　第二节　近代特殊教育的兴起 ··· 26
　第三节　现代特殊教育的发展 ··· 37
　第四节　当代特殊教育的发展趋势 ·· 52

第三章　特殊教育学核心概念 ··· 60
　第一节　特殊教育的对象 ·· 60
　第二节　特殊儿童的评估与鉴定 ·· 70
　第三节　特殊教育的目标与机构 ·· 74
　第四节　特殊教育的模式 ·· 78

第四章　特殊教育学关键术语 ··· 84
　第一节　特殊教育思想与理念 ··· 84
　第二节　特殊儿童的身心发展 ··· 93
　第三节　特殊儿童的教育与教学 ·· 96
　第四节　特殊教育常用的测验与量表 ·································· 106
　第五节　特殊教育师资与专业人才培养 ································ 109
　第六节　特殊教育管理 ··· 113

第五章　特殊教育学学科代表人物 …… 117
第一节　听障教育代表人物 …… 117
第二节　视障教育代表人物 …… 123
第三节　智障教育和工读教育代表人物 …… 127
第四节　中国近现代特殊教育代表人物 …… 132

第六章　特殊教育学学科理论基础 …… 141
第一节　科学人文主义 …… 141
第二节　身心关系与特殊教育 …… 149
第三节　特殊教育的隔离与融合之争 …… 154
第四节　特殊教育学的研究原理和方法 …… 161

第七章　特殊教育学支持保障体系 …… 168
第一节　特殊教育立法与政策支持 …… 168
第二节　特殊教育师资与专业支持 …… 187
第三节　特殊教育信息化与资源保障 …… 195
第四节　特殊教育的社会支持 …… 200

第八章　特殊教育学主要专业组织、学术期刊和网络资源 …… 206
第一节　特殊教育学主要专业组织 …… 206
第二节　特殊教育学主要学术期刊 …… 209
第三节　特殊教育学相关网络资源 …… 214

参考文献 …… 218

附录 …… 230

后记 …… 233

第一章 特殊教育学学科概述

本章概要介绍特殊教育学的学科定位、学科内容和学科前沿。

现代科学正朝着两个不同的方向发展：一方面是不断地向精细的边缘学科分化、衍生；另一方面又不断地交叉融合，在相互启发、渗透中形成新的学科。特殊教育学是一门涉及文、理两大门类的交叉学科。特殊儿童的教育涉及生物学、生理学、社会学、法学、语言学、宗教学等多种学科与知识领域。随着科学技术的进步，研究手段和方法的改进，诸如计算机科学、人工智能、生物工程、脑科学、仿生学研究等新兴学科、交叉学科开始进入特殊教育学的研究领域。这些新兴学科、交叉学科的发展，为特殊教育学的学科发展奠定了深厚的学科基础，为特殊人群的养护、预防、医疗、康复、教育、就业等问题的解决开辟了新的途径。

特殊教育学与生命科学、医学的密切关系，决定了现代特殊教育必须走"医教结合"的道路。生命科学、遗传学尤其是遗传工程为人类在基因层次上诊断、治疗残疾儿童开辟了新的途径。心理测量、行为主义、认知心理学、人格心理学等现代心理学的理论和方法，推进了对特殊儿童的认知、情感和人格的发展过程、发展水平、发展特点的研究。有关特殊儿童教育认知发展的思维领先理论、技能培养的专业优化理论以及人格发展的超自控理论都可以为特殊儿童的发展提供一定的指导。

长期以来，用机械的观点来解释人类社会行为的社会达尔文主义，主张运用"丛林原则"进行弱肉强食、优胜劣汰，曾经是笼罩在特殊教育上空的阴云。社会心理学派又过分强调了个别仁人志士在发展特殊教育中的社会作用。近几十年来，哲学人类学强调以人为中心的人本主义观点，指出人通过后天学习弥补缺陷的可能性和必要性,为特殊教育学提供了哲学上的深厚基础。

从当代世界特殊教育的发展实践来看,特殊教育的立法和执法,既是一个需要从哲学层面进行深度思考的理论问题,也是一个保障特殊教育步入正常发展轨道和得到实际支持的现实问题。法哲学、法伦理学的探讨使我们进一步了解法律法规的理论基础,了解世界上一些国家的特殊教育"依法治教"的发展趋势。

总之,特殊教育学有着广泛和坚实的交叉学科基础。通过不同学科的共同努力,帮助残疾人,教育和训练不同类型的特殊人群,不再是一种良好的愿望,而是建立在科学基础上、可以通过人类的共同努力实现的愿景。同时,特殊教育学还是一门新兴的学科,学科交叉与融合还是刚刚开始,学科的整体实力还不够雄厚,学科的"高峰""高原"效应还不明显。特殊教育学还有巨大的发展空间和潜力。

可以相信,一旦历史悠久的人文精神和现代科技紧密结合起来,人类就一定能在特殊教育学的领域,逐步地完成从必然王国向自由王国的跨越。

第一节 特殊教育学学科定位

学科定位表示某一学科在学科群中的位置。探讨特殊教育学的学科定位,能够把握特殊教育学作为一门新兴学科与相关学科的内在联系、学科自身的内在逻辑和发展方向。

根据国家标准《学科分类与代码》(GB/T 13745-2009),所有学科分成5个学科门类,62个一级学科或学科群,676个二级学科或学科群,2382个三级学科(如图1-1所示)。根据这一学科分类法,特殊教育学属于人文与社会科学门类(代码710~910)中的一级学科教育学(代码880)中的二级学科(代码880.64)。

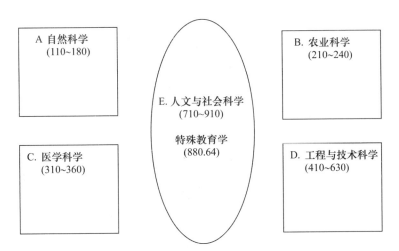

图 1-1 特殊教育学在 5 个学科门类中的位置

一、一级学科教育学

教育是伴随人类的出现而发展起来的一种重要的社会现象,它把人类的活动纳入改造客体和改造主体的良性循环,在生物进化和社会进化的历程中不断发展。

作为人文与社会科学门类中的一级学科的教育学,历来备受关注,不仅因为它关系到全体国民的精神品质,关系到国家共同体的形成,而且因为它直接有助于国家竞争力的发展,是保障国家不断创新和可持续发展的基础。

从古希腊的先哲到古东方的先贤对人类的教育问题都有许多精辟的论述。我国的《学记》(约公元前 403—前 221)是世界上最早专门论述教育教学问题的专著。捷克教育家夸美纽斯(Johan Amos Comenius)于 1632 年出版了近代第一本系统的教育学著作《大教学论》,标志着教育作为一门独立学科的诞生。瑞士教育家裴斯泰洛齐(Johann Heinrich Pestalozzi)最早提出"使人类教育心理学化"的主张,使教育学和心理学互相结合、共同发展。德国教育家赫尔巴特(Johann

Friedrich Herbart)1806年出版的《普通教育学》,被公认为最早以"教育学"命名的现代教育学专著。20世纪初,德国教育家拉伊(W. A. Lay)和梅伊曼(E. Meumann)创立了实验教育学,教育学又开始进入实验研究阶段,循证教育的呼声此起彼伏。

19世纪末20世纪初,欧洲和美国出现了新的教育思潮和教育改革运动,推动教育学蓬勃发展。教育学一方面逐步与其他有关学科相结合,产生了一系列新的交叉分支学科;另一方面,教育学本身又逐步地分化为相互联系的不同分支学科。随着科学技术的进步与社会的发展,现代教育的理论与实践更为广泛、丰富和深入。现代教育学已经成为在相关学科基础上发展起来的由众多分支学科组成的学科群。

教育有多种分类方法。按社会进程的时间序列来划分,可将教育分为古代教育、近代教育、现代教育、当代教育和未来教育;按接受教育的场所和环境来划分,可将教育分为家庭教育、学校教育、社会教育;按教育程度来划分,可将教育划分为学前教育、初等教育、中等教育、高等教育;按教育对象的年龄来划分,可将教育划分为婴幼儿教育、青少年教育、成年教育、老年教育;按教育的性质来划分,可将教育划分为普通教育和特殊教育,职业教育和休闲教育;等等。中国教育学会教育学分会与国家教委课程教材研究所共同组织编写的"教育科学分支学科丛书",从教育理论分类学的角度,将当代教育科学分为元教育学、教育哲学、教育逻辑学、教育社会学、教育政治学、教育逻辑学、教育生态学、教育心理学、教育评价学、教育技术学等15门分支学科,并没有将特殊教育学单设为一门分支学科,大概是认为特殊教育学沿袭教育学理论,只是一门教育应用学科。

目前,一级学科教育学分设了19个二级学科,即教育史、教育学原理、教学论、德育原理、教育社会学、教育心理学、教育经济学、教育统计学、教育管理学、比较教育学、教育技术学、军事教育学、学前教育学、普通教育学（包括初等、中等教育学）、高等教育学、成人教育学、职业教育学、特殊教育学和教育其他学科，是人文与社会科学门类20个一级学科中设二级学科最多的一个学科。教育学二级学科采用了多维度的划分，其名称大多数也是教育学专业课程的名称。

一是以教育研究的问题命名，如教育学原理、教育史、德育原理、教育社会学、教育心理学、教育经济学、军事教育学、职业教育学等以不同的问题为核心的教育学科。

二是以教育的对象命名，如学前教育学、特殊教育学、成年教育学等以不同年龄、不同群体为教育对象的教育学科。

三是以教育水平和阶段命名，如普通教育学、中等教育学和高等教育学等。

四是以教育研究方法和手段命名，如比较教育学、教育统计学和教育技术学等。

特殊教育学主要是以教育对象命名的，即研究发展障碍儿童、有特殊教育需要儿童的教育的学科。

从学科建设和专业人才培养的角度来看，以下与特殊教育学并列的二级学科为特殊教育学的形成与发展奠定了学科基础，普通学科之间既有的共通性促进了特殊教育学三级学科的形成。

1. 教育学原理，以探究教育学基础性原理为核心任务，以教育改革与发展中的基本理论和实践问题为重点研究领域，在理论与实践的互动与双向构建中为特殊教育学的学科建设奠定了理论基础。特殊教育学的教育原理将集中探讨特殊教育的原理与方法。

2. 教育史，以既往的教育活动和教育现象为研究对象，厘清不同历史时期教育活动的经验、教训及基本规律。特殊教育史为特殊教育的理论建设和改革实践提供历史资源。

3. 教学论,主要研究学习、课程、教学与评价及其与教师的关系。特殊教育学中的分科教学论,如盲童教学论、聋童教学论、智障教学论、超常儿童教学论等分别探讨了不同类型的特殊儿童的教学问题。

4. 比较教育学,以当代世界上不同国家、民族或地区以及国际社会的教育理论和实践为研究对象,探讨教育发展的规律和改革趋势,为本国、本地区教育改革与发展提供借鉴。特殊教育比较教育学通过比较世界上不同国家、民族或地区的特殊教育理论与实践来总结特殊教育发展的规律。

5. 学前教育学,以0—6岁早期儿童发展与教育为研究内容,探讨学前教育的理论体系和实践的基本规律,为学前教育实践及政策制定提供理论依据。特殊儿童学前教育学着重探讨各类特殊儿童早期教育、早期康复的原理和方法。

6. 教育社会学,将教育作为深层的社会、文化、政治和道德活动的重要影响因素来研究。特殊教育社会学则是运用社会学和教育学的原理来认识特殊教育的本质,探讨特殊教育实施过程中学校、家庭、伙伴团体、媒体和社区等合作的有效性。

7. 普通教育学,研究人类教育现象及其一般规律,主要探讨教育的目的、性质、任务、特点,教育与其他社会现象和教育对象之间的关系,教育的原则、途径、方法和组织形式,以及教育制度、管理等方面的问题。

8. 教育心理学,研究教育与教学过程中各种心理现象及其发展规律。特殊教育心理学集中探讨不同类型特殊儿童的发展与教育问题。

9. 教育经济学,研究教育与经济的相互关系以及教育中经济活动过程及内在规律。特殊教育经济学有助于我们揭示教育的经济价值,提高教育投资的经济效益和管理水平。

10．军事教育学,研究军事活动中的教育问题,包括军事人员的选拔和培训、军队的政治思想工作、战争的心理准备等问题。军事教育学研究有助于提高军人的心理素质和作战能力。目前还没有军事特殊教育学。

11．职业教育学,旨在探究职业教育和生产劳动技术教育的发展规律、组织形式、专业和课程设置的内容及教学方法。特殊职业教育学集中探讨特殊儿童的职业教育问题。

12．教育管理学,研究教育的行政管理和学校管理的体制、过程和方法,以提高管理效能和促进教育发展。特殊教育管理学集中探讨特殊学校和融合教育中的教育管理问题。

13．高等教育学,主要研究高等教育现象,探索创新人才培养教育,解释和解决高等教育理论与实践中存在的问题,为高等教育改革与发展服务。高等特殊教育学主要是探讨残疾人高等教育和特殊教育师资与专业人员培养问题。

14．成人教育学,主要研究为成人提供的各类教育活动,解释和解决终生教育与学习型社会的理论和实践问题。特殊成人教育学着重探讨残疾人的成人教育和终生教育问题。

15．教育技术学,以理论与技术相结合,运用现代教育理论、现代信息科学和技术,促进学习者学习,优化教育教学过程。特殊教育技术学集中探讨不同类型的发展障碍儿童教育中对现代教育技术的应用。

16．教育统计学,主要从教育和心理学角度对所测被试在教育过程中涉及的心理特质的实质与结构以及如何测量进行深入的理论研究;结合数学与统计学等手段,对测量工作的有关问题进行数量化分析。特殊教育统计学集中探讨特殊儿童的教育与心理统计问题。

作为教育学二级学科的特殊教育学,主要研究特殊需要儿童的身心发展特点、教育教学规律及其特点,研究对象包括学习障碍、智力障碍、言语和语言障碍、听觉障碍、视觉障碍、情绪和行为障碍、肢体残疾、多重残疾、自闭症谱系障碍儿童以及超常儿童等。

此外,按照2013年教育部公布的招生目录,在一级学科教育学中还增设了农村教育、教育政策与法规、教育康复等专业方向。教育康复是根据"医教结合"的原理,采用各种教育方法和手段帮助患者重新恢复某些因身心障碍而丧失的功能。教育康复的主要对象是智力发展迟滞、情绪和人格发展障碍、社会性适应困难的儿童,是特殊教育的主要形式。

目前,我国教育学科专业人才的培养目标有三个层次,分别授予学士学位、硕士学位与博士学位。从国家1997年公布的《授予博士、硕士学位和培养研究生的学科、专业、目录》中可以看出,特殊教育学独立设为硕士点和博士点的时间都晚于教育学科中其他二级学科。作为二级学科,我国第一个特殊教育学博士点2001年在华东师范大学学前教育与特殊教育学院创设。首批招生人数是3人,2004年毕业后获得教育学博士学位。

二、二级学科特殊教育学

如图1-2所示,作为教育学中的二级学科,特殊教育学与教育学的其他分支有着非常密切的联系。现代特殊教育学不断发展,逐步创设了特殊教育史、特殊教育学原理、特殊教育哲学基础、特殊教育管理学、特殊儿童心理学、高等特殊教育学、早期融合教育、特殊职业教育等三级学科和相应的课程。

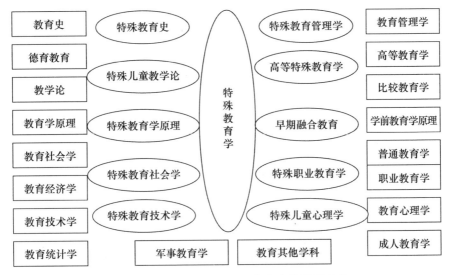

图 1-2 特殊教育学在教育学科中的学科定位

2011年出版的"21世纪特殊教育创新教材"丛书,分"理论与基础""发展与教育""康复与训练"三个系列,比较系统地介绍了当代特殊教育学的发展状况。

系列一"特殊教育的理论与基础",着重探讨特殊教育学的基础与原理,特殊教育学的学科性质和任务,特殊教育学与医学、心理学、教育学、教学论等相邻学科的关系。该系列包括以下8种著作:

1.《特殊教育的哲学基础》

2.《特殊教育的医学基础》

3.《融合教育导论》

4.《特殊教育学》

5.《特殊儿童心理学》

6.《特殊教育史》

7.《特殊教育研究方法》

8.《特殊教育发展模式》

系列二"特殊儿童的发展与教育"从广义特殊教育的对象出发,

密切联系日常学前教育、学校教育、家庭教育、职业教育和高等教育的实际,对不同类型特殊儿童的发展与教育问题进行了分别论述,着重阐述不同类型特殊儿童的概念、人口比率、身心特征、鉴定评估、课程设置、教育与教学方法等方面的问题。该系列包括以下 7 种著作:

1.《视觉障碍儿童的发展与教育》

2.《听觉障碍儿童的发展与教育》

3.《智力障碍儿童的发展与教育》

4.《学习困难儿童的发展与教育》

5.《自闭症谱系障碍儿童的发展与教育》

6.《情绪与行为障碍儿童的发展与教育》

7.《超常儿童的发展与教育》

系列三"特殊儿童的康复与训练"系统地介绍了当代特殊教育中早期鉴别、干预、康复、咨询、治疗、训练教育的原理和方法。该系列包括以下 7 种著作:

1.《特殊儿童应用行为分析》

2.《特殊儿童的游戏治疗》

3.《特殊儿童的美术治疗》

4.《特殊儿童的音乐治疗》

5.《特殊儿童的心理治疗》

6.《特殊教育的辅具与康复》

7.《特殊儿童的感觉统合训练》

这套丛书涵盖了特殊教育学大致的学科研究领域和分支,但也有没有涉及的领域,如特殊儿童的德育教育、特殊教育社会学、特殊教育经济学、学前特殊教育学、军事特殊教育学等学科分支或领域。

第二节 特殊教育学学科前沿

本节介绍特殊教育学的学科前沿。

近年来,从研究的内容、方法、路径、成果和发展趋势来看,世界特殊教育学研究呈现出多学科、多路径的特点,不同学科、不同层次的研究大致可以归纳为如下六个方面。

一是从政治经济学、人口学、特殊教育发展史的角度来探讨发展特殊教育学的社会意义,揭示特殊教育的发展与社会生产力、经济发展的内在关系。

二是从法学、行政管理学的角度来探讨特殊教育政策法规的形成与修订,明确政策法规在特殊教育发展中的指导、协调和强制性的约束功能。

三是从教育学、课程学的角度来探讨特殊教育学的学科定位、知识体系、学缘关系等问题。

四是从生物学、医学、康复学、心理学、传媒学等学科的角度探讨不同类型的身心发展障碍形成的原因,以更好地进行有效的预防、早期诊断、干预、康复和教育训练。

五是从信息技术、教育资源的角度探讨人工耳蜗、电子导盲、高清晰助听器等现代高科技辅助技术帮助特殊需要人群的多种可能性。

六是从社会学、文化学的角度探讨全社会对特殊教育发展的支持。例如通过政府部门或组织,宣传发展特殊教育的意义,形成尊重、关心和帮助残疾人的社会风气,更好地汇聚和整合社会资源,开展国际交流与学术合作,促进特殊教育的进一步发展。

一、生物教育学与教育神经科学

1978年,美国芝加哥大学的肖尔(Jeanne S. Chall)和莫斯基(Allan F. Mirsky)率先提出了教育神经科学这个学科的名称和构想。他们预测到21世纪,教育学、心理学工作者将会与神经科学工作者、生物医学工作者深度合作,共同研究人类学习和接受教育的机制,创立一门独立的教育神经科学或教育神经心理学。但他们的想法在当时并没有得到学术界的认同,大多数教育界和医学界的人士都对上述提议不以为然或深表怀疑:这种大跨度的文理结合有可能实现吗?

然而,近年来相关学科群的研究进展,使这门将脑科学、认知神经科学和教育学等整合在一起的教育神经科学得到越来越多专家学者的认可,还受到国际社会的高度关注。例如,2003年,诞生了教育神经科学的国际专业组织"国际心智、脑与教育协会";近十年来,美国和日本的国家科学基金会都投入了大量资金,设立长期项目支持教育神经科学方面的研究;我国从1995年香山会议后,加强了人脑高级功能与智力开发的研究,多次举办认知神经科学国际学术研讨会,许多大学成立了与教育神经科学有关的研究机构。

从神经科学的角度来看,学习过程伴随着神经元的生物电流活动和神经网络之间的变化,相关研究希望在了解脑的结构、功能、神经传递机理等脑科学知识的基础上,更好地保护脑、使用脑,最大限度地发挥脑的学习功能,提高教与学的效率。

在脑功能和学习机制的研究过程中,研究资料很多是来自对脑病损伤的病人与残疾人的研究。

左右脑分工和语言功能区定位学说来源于戴克斯(Marc Dax)对左半球脑损伤的失语症患者的研究、布鲁卡(Paul Proca)对脑中风病人的尸体解剖研究、德国生理学家威尔尼克(Karl Wernicke)对病人语言功能的研究以及美国神经生理学家斯佩里(Roger Sperry)对频发性癫痫患者割裂脑的研究。

对注意缺陷多动障碍(Attention-Deficit Hyperactivity Disorder,

ADHD)和不伴有多动症的注意缺陷（Attention Deficit Disorder ADD)、言语障碍、阅读和书写障碍、计算障碍等学习困难问题的研究表明,学习障碍由多种原因造成,遗传因素、胎内环境、分娩过程、生长环境都可能对儿童造成伤害。注意缺陷主要是由于调节脑的注意和行为的神经递质多巴胺和 5-羟色胺失衡所致,与遗传有一定的关系。脑成像的研究资料还显示,注意缺陷的成年人边缘系统中的苍白球和尾状核小脑蚓比正常人小。

人类的语言通过高度结构化的声音组合,辅以符号、手势、体态来交流思想和存储信息。人类可以发出 200 个元音和 600 个辅音,说出目前存在的 6500 种语言（不包括方言)。人之所以能以惊人的速度准确地掌握口语,是基于与生俱来的神经网络联结和专门加工特定任务的脑区。但是,大脑内并没有专门负责阅读和书写的脑区。人类口头语言有一万多年的历史,而书面语言仅有 3000 年的历史,也许是因为不像口语那样直接与生存有关,人类基因尚未将阅读、书写和计算融入编码结构中。有关早产儿的追踪研究推断,妊娠晚期子宫中睾酮在妊娠中的过强反应有可能导致右侧半球发育领先,语言区功能受损。

多年来,对聋人与听力正常人视觉表象生成能力和汉字音形意加工的实验研究表明,聋人手语者学习和记忆大写字母的能力高于听力正常的被试,并采取了相同的字母表征方式,语音中介可能是理解语义必不可少的一环,聋人的汉字加工同样也要经过视觉的"语音"加工过程。研究者曾经采用脑功能成像技术,首次以中国手语为实验材料,通过外显手语和内隐手语刺激的比较,探测了中国手语在聋人左、右大脑皮层功能定位的情况。研究结果表明:（1)手语和有声语言绝大多数功能区是叠合的,聋人视觉性语言的优势半球也在左半球;（2)聋人手语信息加工过程中,视觉空间认知和语言加工模块有一定的共享部分;(3)手语是一种有助于聋人大脑语言活动的刺激。研究肯定了中国聋人手语的语言地位。

自闭症,又称孤独症,是一种综合性的发展障碍。从不同遗传因素的比较研究中发现,自闭症可能是由于多个基因突变引起的,可能是受精后20—24天期间,一种被称为HOXAL的变异基因编码所致。基因故障导致早期胚胎发育时脑干的改变。此外,新的脑功能研究发现,一种镜状细胞的缺失或发育不良也可能是造成自闭症儿童模仿和学习低能的原因。目前,一些研究在探讨自闭症儿童前额叶和海马的障碍问题。研究者曾采用认知实验和行为干预的方法,对自闭症儿童的社会认知、语言发展、镜状神经元和模仿能力等问题进行了初步的实验研究。研究表明,儿童家长与培训机构密切合作下的早期发现和早期干预在改善自闭症儿童的身心状况和增强其适应环境的能力方面卓有成效。

近年来,采用事件相关电位(ERP)、脑功能成像(fMRI)、经颅磁刺激(TMS)等高科技对视力发展障碍、听力发展障碍、智力发展障碍以及广泛发展障碍的自闭症儿童等特殊人群的学习困难问题的研究,对有严重的情绪和行为障碍儿童的研究,对超常儿童潜能开发的研究,极大地丰富了教育神经科学的知识体系。这些有不同类型的身心发展障碍的特殊人群的大脑有可能形成自己独特的活动模式,更需要深入探讨大脑神经活动的规律。因此,在教育神经科学初具规模的同时,特殊教育神经科学也逐渐形成。特殊教育神经科学与教育神经科学不同的是更侧重于从比较心理学、缺陷心理学、精神病学等相关学科的角度,聚焦于对残疾儿童、问题儿童、超常儿童等特殊人群大脑神经活动机制的探讨,以期通过"医教结合"的途径来进行缺陷补偿和潜能开发相结合的特殊教育,提高特殊教育的质量。

一门新兴学科的形成是时代精神的产物,是众多学科日益发展的相互作用和殊途同归。特殊教育中的"医教结合"不是单纯的生物医学观点与单纯的特教训练观的简单组合,而是对传统特殊教育中单纯的生物学观点和机械训练观点的批判和扬弃,是高科技和人文精神在更高层次上的整合。

二、教育康复学

为了满足社会发展的需要,教育部本科专业2013年招生简章中在一级学科教育学中增加了教育康复专业,为我国特殊教育的发展另辟蹊径。教育康复学和特殊教育学一样,成为两个与特殊儿童教育密切相关的新型交叉学科。

康复是采用多种方法对残疾人等有需要的人群进行综合性矫正和训练以期恢复其功能、提高其生活适应能力的过程。1981年,世界卫生组织(WHO)将康复界定为"应用各种有效的措施,以减轻残疾的影响和使残疾人重返社会的活动"。

康复有多种分类。按康复的目标、手段、范围来区分,康复可以划分为教育康复、医学康复、职业康复、运动康复、心理康复和社会康复等;按康复的对象残障类型来分,可划分为视力残疾康复、听力残疾康复、智力残疾康复、肢体残疾康复、精神残疾康复等;按实施康复的场所又可划分为医院康复、社区康复、家庭康复等。

教育康复是指通过教育与训练的方法来促进受教育者身心发展的康复。在教育康复的过程中要运用"医教结合"的原理与方法,在医学康复的基础上,进一步帮助一些有身心发展障碍的儿童提高生活、学习及社会适应能力,培养其坚强的意志、克服困难的精神和健全的人格。因此,教育康复本身是一种综合康复。

教育康复具有明显的阶段性,与儿童身心发展同步。在婴幼儿与学前教育阶段,采用的是早期干预与训练的方法,为儿童日后进入学校生活创造条件,如盲童的早期行走训练、聋童的语言训练以及体能训练等。义务教育阶段的教育康复,除了功能训练外,还要训练特殊儿童的学习能力,使他们适应学校生活,提高学业水平。高中和高中以上阶段的教育康复还提供职业康复和心理康复,培养特殊需要青少年的劳动与就业能力,使他们更好地适应家庭、学校和社会生活。大量的实践证明,即使是进入高等学校、接受高等专业教育的残疾学生仍然有教育康复的需要,这个阶段的教育康复着重帮助他们克服专业学习的困难和提高独立生活与工作的能力。

作为一种综合性的新兴学科,教育康复学一般会介绍教育康复学的学科基础、综合康复的方法、不同类型的发展障碍儿童、不同发展阶段的康复任务等。

三、言语听力学

言语听力学是根据言语病理学与听力学的原理来探讨言语与听力障碍的病因、诊断、矫治、康复等过程的交叉学科。言语病理学是从基础医学的角度来研究言语障碍(如先天障碍或后天障碍、理解言语障碍或表达言语障碍等)的产生机理、发病过程、诊断、治疗等内在的规律;听力学的内容涉及听力损失的病因、听力检测的方法、发音与言语功能障碍的诊治与康复等多方面的问题。

四、聋人语言学

聋人语言学是一门结合语言学和聋人教育原理,集中探讨聋人语言产生、发展、学习与教育过程及其内在规律的交叉学科。目前,聋人语言学主要围绕三方面的问题进行研究,一是聋人语言与认知的关系,二是聋人手语的地位与功能,三是聋人语言教育的方法与途径。

关于第一方面的问题,柏拉图曾从"知识是先天具有的"这一基本理念出发,认为聋人缺乏听觉并不会严重地影响个体的语言和认识能力,但亚里士多德却从"知识来源于感觉经验"这一原理出发,断言丧失了听力的聋人是"不可救药的无知者"。现代实证研究从不同的角度探讨了聋人的认知与语言、思维和智力的关系以及聋童认知的特点。(1)从个体发生学的角度来看,聋人的语言与认知发展也和健听人一样,同源但不同根,既相对独立,又相互影响。(2)从发展顺序来看,认知中的感知、记忆、注意都先于语言,一般的认知能力是语言发展的基础,语言只是认知的一部分。(3)听力障碍会在一定程度上影响聋人认知的发展,但在长期的认知发展过程中,聋人能用视觉与动觉来补偿听觉的障碍,与听力正常者相比,不同的认知方式可能引起聋人大脑左右半球的不对称性。(4)思维是认知发展的高级阶段,也是智力水平的集中体现,但思维作为一种信息加工过程,并不完全依赖语言,动作思维、形象思维也是思维的重要方式。相比而言,聋童比较擅长视觉和动觉认知,多采用直觉型的认知策略。

关于手语的语言地位的研究主要涉及三方面的问题:一是手语到底是不是语言,能否起到语言的功能?二是使用手语是否能促进聋人认知的发展?三是象形的自然手语与表音的指拼文字手语是如何构成和转换的?研究表明:(1)尽管手语和有声的口头语言输入与输出的模式并不相同,但同样具有概括性、抽象性、主—谓—宾结构等语言的普遍性结构,以及语言交流内部模式或认知结构的一致性。手语具备语言的一般特征,即词汇、语法和语言的创造性。(2)手语使用者和听力正常的英文使用者对抽象词汇刺激都显示出左半球优势;手语使用者对可想象的手势表现出明显的右半球优势,而正常被试对可想象的词汇没有明显的视野效应。这种大脑单侧化现象可能反映出"想象"在两种语言中发挥了不同的作用。(3)中国手语研究的结果表明:① 手语与有声语言的绝大多数脑部功能区是叠合的,与正常人和美国手语的研究结果相似,聋人的视觉性语言优势半球也是在左半球。语言的半球单侧化现象以及语言大脑功能定位区很少受语言模式特征的影响。② 聋人手语的信息加工过程包括语言加工和视觉空间认知,语言加工模块与空间认知加工模块之间存在一定的共享成分,这为跨模块可塑性理论提供了实证依据。③ 研究认为,手语是一种有助于促进聋人大脑语言区活动的刺激,从神经生理上确定了中国手语的语言地位并倡导在聋人教育中采用"手口并用"等多种形式的综合语言教育。①

关于聋人语言教育的途径与方法,在有关实验的基础上,提倡将口语、手语与书面语言融为一体的语言教育。(1)口语训练的重要性和通过口语与人沟通的便利性是不言而喻的,正因为如此,聋人语言教育要积极开展聋人口语训练,使聋人通过观察说话者的口形、脸部表情和体态的"唇读"以及对语境的理解和猜测来接受和理解对方的语义,但又必须跳出纯口语和医学模式的误区。(2)开展手语培训,但必须跳出"双语双文化"的误区。手语是聋人所偏爱的视觉与动作相结合的语言,也是聋人群体最简便的交流思想、表达意愿和沟通情感的手段。在聋人的综合语言教育中绝不能排斥手语,也不能把聋童学习口语和手语对立起来。(3)写读领先,图文并进,跳出听说领先的误区。"听说领先,读写随后"的方法是从拼音文字的学习中、从第一语言的学习中总结出来的经验,这种经验对有严重听力障碍、缺乏日常口语环境的聋童学习使用表意文字的汉语并不适用。要想提高聋生的阅读和写作能力,首先要结合对中国语言文字的认知特点,发扬聋童视觉认知的优势,跳出"听说领先"的误区,采用"写读领先,说听结合"的汉语表意文字的学习方法。让聋童配合手语的学习,从书写、绘画中领悟汉语字词的意义,在形意结合的基础上扩展到形—

---

① 方俊明,何大芳.中国聋人手语脑功能成像的研究[J].中国特殊教育,2003(2):50-57.

意—音的结合。从认知心理学的观点来看,这种"写读领先,说听结合"的学习途径最符合聋人擅长视觉认知和汉语象形、表意文字的特点。当然,其客观效果如何,还有待于更多的实验加以验证。

五、手语翻译学

手语翻译学是一门研究探讨聋人手语翻译原理及方法的学科,也是培养聋人手语翻译专业人才的基础课程和主干课程。这门学科一般包括三个方面的内容:一是语言翻译的原理,如听觉、视觉信息处理的原理与过程等;二是聋人手语的构成与发展,包括国际手语和地区手语的比较;三是通过手译和口译来构建聋人与健听人之间的沟通渠道,增进他们的思想、感情交流。手译是指将健听人使用的有声语言和书面语言翻译成聋人能理解的手语的语言转换过程。口译是将聋人使用的口语翻译成健听人能听懂的口语或书面语言的转换过程。美国的手语翻译专业都开设手语翻译学课程,并结合国际手语翻译的内容进行教学。近年来,随着特殊教育的发展,我国已有一些高等院校设立聋人手语翻译专业,结合中国手语的实际,开设手语翻译课程。

六、仿生学

仿生学是一门既古老又年轻的学科,是通过模仿生物的结构与功能的原理来研制各种机械和创造新技术的学科。随着电子计算机等科学技术的发展,人们能够模仿生物在进化过程中形成的感觉功能、神经功能、控制功能等精确与完善的机制,深入研究人工智能的信息接受、信息传递、自动控制等过程,从仿生学的设计原理出发,开发出许多具有创新思路的技术。例如,利用蝙蝠的超声波原理发明出雷达,利用苍蝇的平衡棒导航原理,研制了应用在火箭和高速飞机上的振动陀螺仪,利用许多生物发光并不产热的原理发明了"人工冷光"产品。

  仿生学作为生物学和工程技术相互渗透和结合的新兴学科,在特殊教育中有着广阔的应用前景。例如,人工喉就是利用仿生学的原理,仿照人类声带发出"基音",然后由颈上部最佳传音点导入咽腔,再由口腔形成语言,帮助聋哑障碍人群进行语言交流。盲人仿生眼镜利用针孔摄像头和微型电脑技术,将有望帮助盲人重获光明。

第二章 特殊教育学学科发展历程

本章阐述特殊教育学学科发展的历史进程。

第一节 古代特殊教育的萌生

教育因人的存在而存在,是伴随人类的出现而发展起来的社会现象。特殊教育也和普通教育一样,有着漫长的发展期。从相关的历史记载中,我们可以看出古代东西方对残疾人态度的差异以及特殊教育思想的逐步形成。

一、古代西方特殊教育思想的萌芽

古代美索不达米亚平原的两河流域是人类文明的发祥地之一。在苏美尔人的天神造人的神话中,残疾人只不过是天神"酒后"或"擅自"制人的结果。巴比伦人甚至认为残疾人是魔鬼缠身所致。古代埃及人对残疾人的认识和态度十分矛盾,一方面认为残疾人的产生是上帝的惩罚,另一方面又神化和善待侏儒。

古希腊人从强种保国的理念出发,非常重视儿童的先天素质,有抛弃残疾或病弱婴幼儿的做法。但古希腊名医希波克拉底的医学理论以及治疗残疾人的行医实践,在一定程度上改变了对残疾人的认识。

公元前449年,古罗马制定了《十二铜表法》,规定捕杀畸形的婴儿。这项规定直接威胁残疾人的生存,直到公元374年,罗马帝国皇帝瓦伦提尼安一世才根据基督教教义正式将其废除。

总的来看,从柏拉图、亚里士多德和昆体良等人的教育理念中都可以看出,他们主张优生优育,对残疾人是比较蔑视的,态度是消极的。在生产力非常低下的奴隶社会,尽管产生了一些特殊教育的萌芽,但人们对残疾人和特殊教育的认识多是负面的、否定的。

二、中国古代特殊教育思想的萌芽

相比而言,中国古代社会对残疾人赋予更多的同情与照料,萌发出特殊教育的思想萌芽。例如,据司马迁《史记·五帝本纪》记载,中国历史上的圣人舜的父亲是一个盲人,盲人能成为父亲,至少表明人们对残疾人的认可程度。早在西周时期,残疾人的管理就被纳入了国家管理体制。例如,《周礼·地官》规定大司徒、小司徒要分别承担辨别和减免残疾人税收的相关责任。《管子·入国》提倡"老老""慈幼""恤孤""养疾""合独""问病""通穷""振困""接绝"等九惠之教,其中,所谓"养疾"就是指将残疾人收养在国家设定的专门机构——养馆,为残疾人提供衣食,供其终老。另外在西周的宫廷中有颇具规模的盲人乐队,参与礼乐大典。据《国语·晋语》记载,先秦时期已经开始出现根据残疾人自身条件进行因材施教的尝试。

大量史料说明,秦汉以来两千多年的历史中,有部分统治者为了建立国泰民安的太平盛世,不但推行宽疾、养疾的惠民政策,而且组织过一些针对盲、聋等残疾人的特殊教育和针对禀赋优异儿童的超常教育。由此可见,中国古代特殊教育思想源远流长。

但是,无论是东方还是西方,在生产力低下的古代社会,尽管有特殊教育思想的萌芽,却没有建立专门的特殊学校或残疾人接受特殊教育的制度。直到 18 世纪,才进入了现代特殊教育发展的历史时期。

三、西方文艺复兴与特殊教育的兴起

文艺复兴发端于 14 世纪初期,经过 15、16 世纪,止于 17 世纪中

期,从发源地意大利,逐步扩至尼德兰、西班牙、法国、英国和德国等地,使欧洲社会发生了全面而深刻的变化,揭开了欧洲乃至世界现代史的序幕。

文艺复兴并不只是简单复活古希腊、古罗马文化,而是新兴资产阶级继承、利用和改造古希腊、古罗马文化,为建立新文化服务。在文艺复兴运动中,随着人文主义、理性主义、经验主义等思想的发展和传播,科学得到前所未有的进步,宗教神学的地位被削弱,残疾人及其教育所处的社会环境发生了巨大转变,特殊教育从萌生期转入近代创建期。卡丹(Girolamo Cardan)、庞塞(Pedro Ponce de León)等人在聋人教育实践领域的探索,拉开了近代特殊教育的序幕,许多哲学家、教育家也开始思考残疾人及其教育问题。

(一)文艺复兴揭开了特殊教育的序幕

文艺复兴创造了一个重视人文、理性和科学的环境,尤其是医学的发展,在一定程度上改变了残疾人的生存环境。例如,意大利人加布里奥·法罗皮奥(Gabriello Fallopio)描述了耳朵的骨迷路,巴托洛米奥·欧斯塔齐奥(Bartolommeo Eustachio)验证了鼓膜张肌及咽鼓管的存在,14世纪的意大利已经开始使用眼镜[1],这些医学认识和治疗实践尽管充满前科学时期的特点,但为残疾人摆脱神学和迷信的束缚带来了希望。

在文艺复兴思潮的推动下,西方残疾人教育实践出现了一些新的探索。聋人教育问题得到了重视,盲人和智障者的教育问题也进入了教育者的视野。在西班牙北部的本尼狄克修道院,最早开始了对耳聋患者的正规、系统的教育。启动贵族聋儿教育工作的催化剂,是巨额家产的继承权问题。庞塞用自己设计的聋童教育方法,对西班牙富有贵族家庭的聋儿进行教育并取得了成就,使一些聋障贵族子

---

[1] WINZER M A. The history of special education: from isolation to integration[M]. Washington, D. C: Gallaudet University Press,1993:27.

弟成为著名的学者。文滋（Margret A. Winzer）在其《特殊教育史》（*The History of Special Education：From Isolation to Integration*）一书中，认为庞塞是第一位成功的特殊教育家，并将1578年作为人类历史上真正开创特殊教育之年。① 后来，西班牙本尼狄克会僧侣卡瑞恩（Manuel Ramirez Carrion）直接继承了庞塞的聋人教育方法，著有《自然的奇迹》，分析了由聋致哑的原因。波内特（Juan Pablo Bonet）继承了庞塞和卡瑞恩的聋人教育方法，于1620年发表了《字母表简化方案和教聋人说话的方法》，这是历史上第一篇有关残疾人教育实践艺术的论文。② 荷兰化学家、医生凡·海尔蒙特（Jan Baptist van Helmont）也有过教育聋人的实践，对德国聋人口语教学产生了一定影响。瑞士人阿曼（Johann Conrad Amman）在荷兰从事过聋童教育，被认为是聋人口语教学的奠基人，对德国聋童教育影响甚大。在英国，布韦（John Bulwer）是论述聋人教育的第一个英国人，出版过《聋人的朋友》《普通手语》等著作。数学家瓦利斯（John Wallis）也是17世纪英国聋童教育的先驱，对聋童教育进行过理论和实践的探索。英国皇家协会会员、音乐家、牧师霍尔德（William Holder）也是17世纪英国聋童教育先驱之一，曾用手指字母教聋童说话。

虽然这些聋童教育的探索尚未形成比较稳定的体系，也缺乏连贯性，但这些聋童教育的先驱者在不同地区的聋童教育尝试，为后世留下了宝贵经验，也为特殊教育最终登上历史舞台做好了准备。

(二) 文艺复兴、启蒙运动时期的教育思想与特殊教育

文艺复兴、启蒙运动时期残疾人教育的实践不是盲目的，而是受到人文主义和近代杰出的教育家思想的影响。其中，最突出的是人文主义的教育观、夸美纽斯的教育观、经验主义的教育观和启蒙主义

---

① 文滋将1578年作为残疾人教育的开始之年。本书认为这似乎缺乏说服力，因为1578年只是庞塞叙述其残疾人教育成就的年份。如果说特殊教育以庞塞的特殊教育实践为起始的话，那么时间也应该在1578年之前。

② 朴永馨.特殊教育辞典[M].2版.北京:华夏出版社,2006:223-224.

的教育观。

以弗吉里奥（Pietro Paolo Vergerio）、维多里诺（Vittrino da Feltre）等人为代表的人文主义教育思想家，主张以人为本，注重儿童个性，尊重天性，反对禁欲主义，将古希腊、古罗马经典作为人文学科的主要内容，主张根据儿童自身的特点把他们培养成身心全面发展的人。人文主义教育思想凸显了对儿童的尊重，有益于残疾人的教育。

夸美纽斯是17世纪捷克杰出的教育家，是西方教育史上承前启后的杰出人物。他从文艺复兴时代人文主义教育的立场出发，肯定了人的价值、儿童的价值，论述了人人俱可受教育的必要性与可能性，为特殊儿童教育事业的产生提供了有力的支持。

以培根和洛克为代表的经验主义强调认识、观念来自经验而非天启，这对于摆脱束缚残疾人教育发展的天赋观念起到了推动作用。他们对经验主义认识论的阐述，使感官经验在认识过程中的作用受到广泛关注，白板说以及知识源于感觉、知觉的观点为残疾人康复带来了乐观的前景。经验主义进一步引发人们思考一系列与特殊教育密切相关的理论问题。例如，来自一种感官的经验，是否能够成为构建另一类感官经验的有效的基础？一个盲人通过触觉学会辨别物体，能像一个明眼人那样通过视觉来准确辨别物体吗？一个恢复了视觉的盲人，能够不要触觉的帮助仅仅依靠视觉就辨别物体的形状吗？一个聋人能够学会利用手语交流，而不需要借助听力吗？[①]

法国18世纪杰出的启蒙思想家卢梭（Jean Jacques Rousseau）在《论人类不平等的起源和基础》《社会契约论》《爱弥儿》《忏悔录》等著作中虽然没有直接讨论残疾人教育问题，但他以人类天赋的自由、平等的自然权利论证私有制及其造成的社会不公平是违背自然的、不合法的，宣告封建专制社会是暴虐的、腐朽的、反人道的社会制度。

---

① WINZER M A. The history of special education: from isolation to integration[M]. Washington, D. C: Gallaudet University Press, 1993: 43.

他提倡人性本善、人人平等。他认为在社会的自然秩序中,"所有的人都是平等的。他们共同的天职,是获得品格;不管是谁,只要在这方面受了很好的教育,就不至于欠缺同他相称的品格"。①另外,他提倡自然的教育,为人们改变对残疾人的陈腐看法、发展残疾人教育事业提供了思想基础。

18世纪法国著名启蒙思想家狄德罗（Denis Diderot）对神创世论、天赋观念进行了彻底的批判。1749年,狄德罗发表《供明眼人参考的谈盲人的信》（即《论盲人书简》),此书没有直接讨论盲人教育问题,但对盲人教育是有帮助的。他在《百科全书》中对残疾人的测验及其受教育可能性的意见,以及他在《关于聋哑人的书信》中对手势语、聋哑人仿效普通语言时的态度、语气差异等展开的讨论,均为残疾人教育的产生进一步积聚了力量。

总之,启蒙思想的旗手们虽然没有从事或提出有实质意义的残疾人教育计划,但他们的唯物主义经验论思想,尤其是有关感觉经验的论述,为破土萌发的特殊教育学提供了理论基础。

第二节　近代特殊教育的兴起

18世纪,欧洲和北美洲先后开始兴办正式的特殊教育学校,标志着进入了近代特殊教育的确立期。本节从听障教育、视障教育、智障教育的兴起,探讨近代特殊教育起源于欧洲、发展至北美、蔓延到世界的发展轨迹。

一、听觉障碍教育机构的建立

（一）西欧听觉障碍教育机构的建立

关于聋人教育的历史,一般认为法国人列斯贝（Charles Michel de

---

① 任钟印.西方近代教育论著选[M].北京:人民教育出版社,2001:118.

L'Espée)于1760年在巴黎建立了世界上第一所聋人学校,是世界特殊教育确立的标志。其实,在此之前(1745年),被流放的西班牙犹太人泊瑞尔(Jacob Rodrigue Péreire)就在法国建立了第一所聋童学校,西班牙教士庞塞也进行了一些聋人教育实践,但由于教育方法保密,后人知之甚少。

列斯贝是一位天主教神父,在法国特鲁瓦的一个教区走访时,遇到了一对孪生的聋人姐妹。为了使这样的孩子能了解和接受天主教的教义,列斯贝为贫穷的聋人孩子建了一所聋童学校。他打破阶级的束缚,接纳贫穷的聋童入学,并主张和坚持自然式手语教育。1789年,列斯贝的手语教育方法为接管巴黎聋校的西卡德(Abb Roche Ambroise Cucurron Sicard)所继承,法国逐渐成为18世纪聋人教育的中心。

1760年,托马斯·布雷渥(Thomas Braidwood)在爱丁堡创办了英国第一所听觉障碍学校。尽管他的教学方法保密,但其教学理念还是影响了当时英国和美国部分聋校最初的教育模式。1792年,英国第一所为贫苦聋童建立的慈善性聋人学校——贝尔蒙塞福利院在伦敦建立。

在欧洲其他地区,听障教育也逐步开展起来。1778年,德国的海尼克(Samuel Heinicke)在莱比锡建立了德国第一所聋哑学校,并成为"世界上最先得政府认可之聋哑学校"。海尼克赞成阿曼口语教学的主张,但他对自己的教学方法秘而不宣,世人并不知晓他的具体方法。

18世纪至20世纪,欧洲各国的听障教育学校普遍建立起来。据历史资料显示,法国在1907年共有聋哑学校65所、学生3894人,其中4所为国立,其余为私立;英国在1910年有聋哑学校52所、教师468人、学生4653人;德国在1909年有聋哑学校89所、教师829人、学生7226人。1901年,奥地利有聋哑学校38所、教师277人、学生

2339 人;比利时有聋哑学校 12 所、教师 181 人、学生 1265 人;丹麦有聋哑学校 5 所、教师 57 人、学生 348 人;意大利有聋哑学校 47 所、教师 234 人、学生 2519 人;荷兰有聋哑学校 3 所、教师 74 人、学生 473 人;挪威有聋哑学校 5 所、教师 54 人、学生 309 人;葡萄牙有聋哑学校 2 所、教师 9 人、学生 64 人;俄罗斯有聋哑学校 34 所、教师 118 人、学生 1719 人;西班牙有聋哑学校 11 所、教师 60 人、学生 462 人;瑞典有聋哑学校 9 所、教师 124 人、学生 726 人;瑞士有聋哑学校 14 所、教师 84 人、学生 650 人。上述学校一般采用口语教学法,间有混合其他教学方法。

(二)北美听觉障碍教育机构的建立

美国波士顿人弗朗西斯·格林(Francis Green)是在美国最早引进和传播聋人教育的先驱。格林虽然没有直接创建美国的聋人教育机构,但他对英国的布雷渥家族聋童教育方法的宣传与倡导,对 19 世纪美国聋人教育的发展产生了积极影响。

美国第一所比较有影响的正规聋人学校的建立归功于康斯威尔(Mason Fitch Conswell)和托马斯·霍普金斯·加劳德特(Thomas Hopkins Gallaudet)。康斯威尔是一名外科医生,时任美国康涅狄格州医药协会主席。他有一个两岁时因脊髓性脑膜炎失去听力的女儿,聘请了毕业于耶鲁大学的加劳德特作为女儿的家庭教师。1815 年,康斯威尔进行了一次聋哑人调查,发现在康涅狄格州有 80 多名聋人,由此推断当时全美聋人的数目超过 2000 人。康斯威尔将他的调查结果交给哈佛大学的相关机构。不久,哈佛大学成立了一个委员会,开始筹集资金派人到欧洲学习聋人教育,使美国的听觉障碍教育走上正规化道路。1817 年 4 月 15 日,康涅狄格聋哑人教育收容所成立,这是美国第一所专门为残障者提供教育的学校。为了表明这是一所面向美国所有聋人的学校,1819 年 5 月,学校更名为哈特福特美国聋哑教育收容所,后来又改称美国聋人学校。加劳德特本人在 1830 年以前一直担任该校校长。在康涅狄格州聋哑学校的带动下,美国聋人教育机构在19世纪早期逐步发展起来。三年间,美国先后建立了第二所聋人学校——纽约聋哑学校和第三所聋人学校,即很快被政府接办的宾夕法尼亚聋哑学校。1822年,美国第一所州立聋人教育机构肯塔基聋哑指导中心成立,此后,很多州纷纷建立聋校,如新罕布什尔州于1821年、缅因州和佛蒙特州于1825年、罗得岛州于1845年先后成立了聋校。到1907年,美国有聋校131所,学生总数为11259人。1864年,国会同意在哥伦比亚盲聋哑学院内设立有学位授予权的大学部,这是美国第一所聋人高等教育机构。加劳德特的幼子爱德华·米纳·加劳德特(Edward Miner Gallaudet)担任第一任校长。1894年学校改名为加劳德特学院。

在美国聋人教育发展的影响下,加拿大的聋人教育也在19世纪逐步建立起来。1829年,由南加拿大议会出资,培训了一位名为罗纳德·麦克唐纳(Ronald McDonald)的报业工作者,他在美国聋校受训一年后回到加拿大,创办了一所很小的勉强维持了五年的聋校。到1907年时,加拿大共有6所聋校,学生总数为735人。[1]

到1910年时,美国公私立聋哑学校共有145所,教师1673人,学生12332人;加拿大有省立聋哑学校7所,教师151人,学生832人。[2] 从聋人初等教育到高等教育,北美聋人教育呈现蓬勃发展的态势,大有取代特殊教育发源地欧洲在聋人教育领域的领先地位的趋势。

二、视觉障碍教育的确立

文艺复兴、启蒙运动给盲人的命运带来了积极的变化,人们对盲人的看法渐趋积极,盲人学校首先在欧洲、然后在北美等地逐步建立起来。

---

① WINZER M A. The history of special education: from isolation to integration [M]. Washington, D.C: Gallaudet University Press, 1993:102.
② 华林一. 残废教育[M]. 上海:商务印书馆,1929:8-9.

（一）西欧视觉障碍教育机构的建立

视觉障碍教育机构的建立，要比听觉障碍教育机构的建立稍晚。霍维（Valentin Haüy）于1784年在法国创立了世界上第一所盲校——巴黎国立盲童学校。霍维坚持平民教育的理念，他的第一个学生名叫雷休尔（Francois Lesueur），是他在街头带回来的一个盲人乞丐。霍维还研发出一种在纸板上雕塑文字的读写系统，1832年布莱尔在此基础上将之发展成点字系统。作为近代第一所盲校的创始人，霍维也是盲人教育史上最有影响的人物之一。

在霍维创办盲童学校的鼓舞下，1791年，英国创立了第一所视障学校——利物浦盲人学校，这是世界上第二所盲校。作为皇家盲人学校，利物浦盲人学校为男、女合校，主要为学生提供音乐和手工艺教育。在此之后，布里斯托尔盲校（1793年）、伦敦盲校（1799年）、诺威奇盲童院（1805年）、里士满国立盲童学校（1810年）、阿伯丁盲童院（1812年）等盲人教育机构纷纷建立。1893年到1902年期间，英国多数盲童可以进入学校或一些自愿接受盲童的机构接受教育。但是这一时期的盲人教育仍忽视早期教育、女童教育和弱视生教育。直到1921年，英国皇家协会才成立了乔里伍德学院，招收视觉障碍女生。1934年，英国国家教育委员会提出低视力儿童应该在普通学校接受教育的方针后，英国的盲童教育才走向世界的前列。[1] 1838年，伦敦教育盲人识字协会成立，开始摆脱对盲人仅仅实施职业训练的做法，从课程设置、可替代的打印系统、日班和盲人高等教育等方面关注盲人教育问题。此外，在布莱克洛克（Thomas Blacklock）的推动下，英国也是较早为盲聋双重障碍者提供教育的国家。

1804年，克莱因（Johann Wilhelm Klein）在维也纳创办了奥地利

---

[1] WARNOCK H M. Special educational needs: report of the Committee of Enquiry into the Education of Handicapped Children and Young People [R]. London，1978:16.

第二章 特殊教育学学科发展历程

最早的盲童学校。他主张在普通学校系统中提供盲童教育,而不是仅仅依靠慈善家办学。他将霍维的凸版印刷(书写)引进教育系统,发明了"发音教学法"。他获得了政府的支持,领导这所学校长达半个世纪。1819 年,克莱因出版《盲人教育的教师手册》。在他的影响下,奥地利在 19 世纪前期又创立了几所盲校,影响波及德国等国。1809 年,德累斯顿盲校建立,此后德国各地的盲校相继建立。第一所荷兰盲校建立于 1808 年;瑞典始于 1810 年;丹麦始于 1811 年。[1]

(二)北美视觉障碍教育机构的建立

19 世纪美国的民主思想、慈善意识以及欧洲盲人教育的经验促进了美国视觉障碍教育的发展。1829 年,波士顿医生菲舍(John Dix Fisher)开始在美国筹建新英格兰盲人院,1832 年正式开办时命名为马萨诸塞盲人院。这所学校得到视觉损伤的富商帕金斯(Thomas H. Perkins)的支持,后改名为帕金斯盲人学校。这所美国最早建立的视障教育机构、1831 年建立的纽约盲人学校和 1833 年建立的宾夕法尼亚盲人学校都借鉴欧洲的盲童教育模式,并得到了政府和社会名流的支持。最早的三所美国视力障碍学校在很多方面相互沟通与合作,一起研究盲文印刷技术,努力提升视力障碍者的教育质量,尤其是在本土师资培养方面做出了很大贡献。美国其他地区视力障碍教育机构的教师多数是由这三所学校培训出来的。盲校数量缓慢地增长,1847 年时,全美有 6 所盲校;1854 年时,发展为 18 所;1875 年时有 30 所,其中,公立 25 所,私立 5 所;1900 年时,又增长到 37 所;1913 年时有 61 所。美国很多盲校在创建之初,不只招收盲生,如 1875 年时,有 11 个州所创办的盲校为盲、聋合校。

1913 年,在波士顿出现了为有残余视力的学生设立的特殊班,这

---

[1] 华林一. 残废教育[M]. 上海:商务印书馆,1929:25.

是视觉障碍教育中对于教学对象安置形式上的发展。此后,随着融合教育理念的发展与推广,越来越多的州自愿在普通学校建立类似的特殊班。1930年,在公立学校等机构中接受特殊教育的视力障碍学生总数达13282人。1948年,这一数字又升至13366人。[①]

加拿大最早设立的特殊学校是麦克唐纳于1829年设立的聋童学校。19世纪,随着加拿大生产力水平的提高,大工业生产取代了手工业,应运而生的一些慈善机构(如精神病人收容所、聋哑人和盲人医院等)便担当了管理特殊教育的职能。19世纪中后期,加拿大陆续出现了专门的特殊学校,如1866年蒙特利尔省在天主教会支持下建立了第一所盲童学校;[②]1871—1872年,加拿大安大略省创建了伯拉温里聋哑学校和布德夫盲校[③]。1875年,加拿大这三所学校共有学生150人。[④]

无论是慈善机构管理的特殊教育,还是专门的特殊学校,这些特殊教育机构都具有一个共同的特征,就是实施隔离式教育,即将残疾儿童与正常儿童隔离开来。这一特征对加拿大的特殊教育发展影响深远。

从世界范围来看,19世纪末20世纪初,以盲校为代表的视障教育体系在各国普遍建立。在视障教育思想方面,霍维等人在丰富的实践基础上,对视障教育有初步的理论思考。布莱尔则以其点字盲文的发明推动视障教育的思想和实践进入新的发展阶段。

---

① OSGOOD R L. The history of inclusion in the United States [M]. Washington, D. C:Gallaudet University Press,2005:35.
② 张福娟. 特殊教育史[M]. 上海:华东师范大学出版社,2000:120.
③ 方俊明. 特殊教育学[M]. 北京:人民教育出版社,2005:32.
④ WINZER M A. The history of special education: from isolation to integration [M]. Washington, D. C.:Gallaudet University Press,1993:108.

三、智障及其他特殊教育的确立

(一) 西欧智障教育机构的建立

受医学水平的限制,19世纪以前,人们对智力障碍只有一些模糊的、错误的认识,常常将智障与精神病混为一谈,智障人士经常受到轻视、取笑和欺负,处境相当悲惨。1826年,弗如士(G. M. A. Ferrus)在巴士底为智力落后儿童开办了一所学校,这是法国第一所私立智障学校,但第一所公立智障学校——阿本堡学校直到1841年才在巴黎创办。创办人古根布(Johann Jacob Guggenbuhl)是一名医生,他相信适宜的气候、健康的饮食、必要的教学可以治愈智障者,所以将学校建在山顶上。

1846年,受阿本堡学校的鼓舞,英国也开办了个别小型的和医院合办的智障教育机构。例如,1851年,牧师里德(Andrew Reed)在海格特创办智障患者收容所,后更名为皇家厄尔斯伍德收容所;此外,苏格兰与爱尔兰也在1854年和1861年先后建立了智障教育机构。

与此同时,德国也创立了早期的智障教育机构。1845年,赛格(Carl Wilhelm Saegert)在柏林聋哑学院开始对少数智障者进行教育。三年后,学院智障学生人数达到50余人,引起州政府注意,并获得资助。随着赛格办学经验的推广,到1917年时,德国类似智障教育机构约有100所。①

意大利也创办了智障康复学校。1898—1900年,蒙台梭利(Maria Montessori)曾在此担任两年校长,进行智障儿童的教育治疗,培训缺陷儿童教育师资。她设计了一整套对智力缺陷儿童进行教育与教学的特殊方法,成功地教会了智障儿童读写。后来蒙台梭利将其在

---

① SAFFORD P L, et al. A history of childhood and disability [M]. New York: Teachers College Press, 1996: 160.

特殊学校的经验应用于正常儿童的教育,取得了举世瞩目的成就,在世界范围得到广泛传播。

(二) 北美智障教育机构的建立

欧洲的智障教育是伴随人们对精神病人的处理措施的改善而逐步兴起的,同样的进程也发生在北美地区。鲁西(Benjamin Rush)既是当时最杰出的医生,宾夕法尼亚医院的负责人,也是美国《独立宣言》的签订者。他和迪克斯(Dorothea Lynde Dix)等人对精神病院的改革为智障教育机构的建立奠定了基础。1860年,全美33个州中有28个州建立了公立精神病收容所。

1846年,塞缪尔·格雷德利·豪(Samuel Gridley Howe)在马萨诸塞州发起了一个为期两年的调查,掌握了该州智障者的情况。1848年10月,这位创办帕金斯盲校的校长又开办了一所智障实验学校——马萨诸塞州青少年智障学校。该校第一批共招收13人,公费生10人,自费生3人,采用盲校寄宿制,入学年龄为8岁,计划5至7年后让学生回到家庭。[①] 在纽约州当局的支持下,威尔布创办了纽约第一所专门为智障儿童开办的公立学校——奥巴尼实验学校。此后,美国的宾夕法尼亚、新泽西、俄亥俄等州纷纷办起智障教育机构。到1890年时,美国有14个州为智障儿童建立了智障学校。

(三) 其他特殊教育机构建立

整个19世纪,智障儿童教育取得了突破性进展,其他特殊教育机构也初步建立:建立了为病弱或病残儿童提供教育的康复学校,为行为与情绪问题儿童、青少年提供教育的工读学校,以及为有特殊教育需要的儿童提供服务的特殊教育指导中心。

---

① WINZER M A. The history of special education: from isolation to integration [M]. Washington, D. C: Gallaudet University Press, 1993: 113.

第二章 特殊教育学学科发展历程

1. 养护学校的建立

1882年,美国马萨诸塞州鲍尔温镇开办了第一所私立癫痫病机构,招收14岁以下癫痫儿童。1891年,俄亥俄州开办了美国第一所公立癫痫病教育机构。至1932年,美国共有8个州建立了类似的机构。[①]

1948年,苏格兰在爱丁堡为可接受教育的脑瘫儿童建立了专门学校——魏斯特利脑瘫学校。1949年,一个维护脑瘫儿童权益的组织——脑瘫联合协会在美国成立。

除此以外,芬兰于1948年在赫尔辛基儿童堡医院的基础上,增办了一所儿童脑瘫学校。该校也招收认知缺陷儿童。

20世纪初期,结核病是一种令人恐惧的疾病。因其传染性,很多医院和学校都将感染结核病的儿童拒于门外。1904年,在德国柏林郊外的卡罗滕堡为结核病儿童建起了第一所户外康复学校。该校兼顾治疗与教育的新模式,很快在德国全境传开,并迅速传播到意大利和英国,1910年传入加拿大。1911年,美国共有35个城市设立了户外学校。至1916年,约有1000名儿童在这些学校接受教育。

1919年,法国为患小儿麻痹症的儿童建立了第一所学校。1948年,在纽约召开了第一届小儿麻痹症国际会议。这类儿童的康复与教育多在医院进行,或与医院联合创办。从特殊教育史上看,"医教结合"是一种由来已久的办学模式。

2. 工读学校的建立

在当时的美国公立学校里,有一群特殊的学生,他们被贴上"不服管教""经常逃课""无可救药"等标签。出于管理之便,他们往往被教育者忽视,或被教师撵出课堂,或被学校开除,交给法庭处理。这

---

① SAFFORD P L, et al. A history of childhood and disability [M]. New York: Teachers College Press, 1996: 191-192.

些人在社会上到处晃荡,极易变成街头混混和不良少年。

一些社会改革者和教育家认为,训练及教育可以帮助这些青少年。为了减少青少年违法,保持社会安定,开办了一些教育和惩罚兼备的机构——工读学校。

工读学校多按照学生性别分类办理,一类专收男生,另一类专收女生。前者如维多利亚工读学校,后者如波士顿女子工读学校。维多利亚工读学校设在多伦多郊外,首批招收了50名男生,其中25人来自家长和监护人的申请,25人来自法官的判决。1856年在波士顿兰卡斯特地区开办的波士顿女子工读学校是北美地区第一所类似家庭风格的特殊教育机构。该校强调通过家庭和学校的联合,使学生能够得到转变,扮演好家庭中的女性角色。女生们在这种半监禁的环境中,隔离外界不良习气,接受学校的教育。

美国在开办工读学校的同时,也建立了教管所等机构,处理那些公立学校的问题儿童。到1919年时,美国开办了135所工读学校,有效地弥补了普通公立学校的不足。

3. 儿童指导诊所

在人们将有反社会行为的"问题儿童""问题少年"送到工读学校的同时,社会工作者也成立了一些儿童指导中心,帮助另外一些有生理与心理问题和行为、情绪障碍的儿童及其家长,指导他们改善家庭的紧张关系,以免孩子流浪街头,或被关进管教所。1912年成立的美国社会工作者协会对开展社会工作起到了推动作用。

1896年,维特曼(Lightner Witman)在宾夕法尼亚大学创办美国第一所为儿童服务的心理诊所。到1914年,美国大学中共有26个儿童研究中心。在英国,牛津大学儿童指导中心增加了一个针对"问题儿童"的观察学校。儿童指导诊所的工作主要集中在:做好潜在的辍学学生、逃课学生的工作,为他们提供咨询服务;做好行为困难儿童的工作,为他们提供咨询服务;为社会交往困难的学生提供咨询服务。

这类诊所早期多为私人机构,有时候和大学合办,随着少年法庭的出现,它们一度附属于法律系统,导致学校系统不得不重起炉灶,开办为学生服务的健康机构。此类机构后期逐渐转化为学校心理教育诊所。学校心理咨询在20世纪中后期逐步发展起来。

第三节　现代特殊教育的发展

第二次世界大战以来,在全球政治、经济、文化等领域发生巨大变革的背景下,世界特殊教育进入了新的发展时期,其主要标志是各国特殊教育规模扩大、体系逐步完善、法律法规逐步建立健全,法制化背景下的现代特殊教育体系普遍建立。

一、英国现代特殊教育的发展

英国是特殊教育发展起步较早的国家之一。进入20世纪后,英国特殊教育获得了法律上的支持,取得了巨大的进步。从英国特殊教育的发展历程来看,大致经历了特殊教育时期、一体化时期和全纳教育时期三大阶段。

直到20世纪,人们普遍认为特殊学生不能适应普通学校的学习,英国特殊教育仍然实行与普通教育平行和相互隔离的二元教育体制。这种相互隔离的学校教育模式"让孩子们感到害怕、无知和容易产生偏见"。[①] 1906年,苏格兰通过《缺陷儿童教育法》;1913年,英格兰、苏格兰及威尔士通过《心理缺陷儿童教育法》;1937年,英格兰和威尔士通过了《聋儿教育法》。这一系列法案对英国特殊教育的发展起到了促进作用。但直到1944年8月,议会通过了《巴特勒法案》,明确地规定了开办特殊教育学校的政府责任、受教育的对象及其权

---

① 黄志成.全纳教育:关注所有学生的学习和参与[M].上海:上海教育出版社,2004:46.

利,提出"特殊教育需要"概念之后,英国的特殊教育才开始向一体化阶段迈进。

秉承沃诺克委员会特殊教育"一体化"的思想,英国1981年颁布了新的教育法,即《1981年教育法案》,该法在英国从隔离式教育到一体化教育再向全纳教育迈进的发展过程中具有里程碑式的意义。该法案的主要内容是正式认可"特殊教育需要"的概念,加强对特殊教育需要的评估和鉴定,规定了家长参与特殊教育的权利和程序。1994年,英国教育部颁发了《特殊教育需要鉴定与评估实施章程》,进一步阐明了对学校和地方教育当局成功实施全纳教育的期望,提出了在评定与满足儿童的特殊教育需要的过程中学校和地方教育当局应遵循的程序和准则,并提供了详细的教育服务模式。

1997年10月,英国教育与就业部发表了题为《为了所有儿童的成功:满足特殊教育需要》的绿皮书,重申政府的政策是提高所有学生的标准。英国特殊教育的发展是一个渐进的历史过程,从最初对特殊教育领域的残疾儿童教育所进行的改革,发展到一体化教育,再进一步发展到全纳教育,政府立法和执法在特殊教育发展过程中起到了重要的推动作用。

二、法国现代特殊教育的发展

法国是近代特殊教育的发源地,特殊教育历史悠久。特殊教育史上一批著名人物莱佩、霍维、皮内尔、伊塔德、塞甘等都来自法国。第二次世界大战临近结束之时,法国成立了教育改革计划委员会,酝酿对战后法国教育进行规划。该委员会由物理学家朗之万(Paul Langevin)主持,他逝世后,由瓦隆(Henri Wallon)继任。该委员会于1947年6月向教育部提交了一份教育改革计划,即"朗之万-瓦隆计划"。在这份文件中,委员会检讨了法国教育的弊端,提出了改革教育的设想和建议,认为战后法国教育发展应该遵循公正原则、定向原则以及人人都有接受完备教育的权利等原则,为法国特殊教育的发展创造了良好的氛围。

"二战"以后,法国发展特殊教育的措施,一是实行中央集权的教育管理模式,由国家推进设置特殊学校,将三个阶段的普通义务教育年龄阶段定为6岁至18岁,法国各级教育管理部门设立了特殊教育管理部门,力争使更多的障碍儿童接受中等教育。二是规定由地方各个大学设立特殊教育师资培训中心,负责解决特殊教育的师资培养问题。这些大学的特殊教育师资培训中心每年培养出2000人左右的师资,基本满足了战后法国现代特殊教育对师资的要求。三是避免使用"残疾"的概念,提出了"不适应"和"发展障碍"的概念。1964年1月,法国教育部颁布命令,将不适应儿童具体分为智力缺陷、性格异常、学习障碍、视觉障碍、听觉障碍、运动障碍、身体性障碍、社会性障碍等八类。这些不适应儿童的接收机构也各不相同。

继朗之万-瓦隆教育计划之后,法国特殊教育的发展主要采取了颁布特殊教育法令、保障特殊儿童全部就学、重视早期发现与诊治、注重民间力量的参与等措施,有力地促进了特殊教育的发展。如1975年5月,法国颁布了特殊教育法令《残障者照顾方针》,明确指出特殊教育是国家的义务,设立各级特殊教育委员会来保障特殊教育法规的落实,明确将特殊儿童纳入义务教育范畴,通过建立幼儿教育档案等措施,实现早期发现与诊治。这项特殊教育法令颁布后,法国特殊教育得到了较大发展,1975年入学特殊儿童数量达到31万人,1975至1978年间的入学人数增加了近10万人。

20世纪90年代,法国共有3800多所特殊教育机构,其中国民教育部管辖的机构约占60%,其余由社会事务及劳工部管辖。特殊教育领域的学生总数有34万多人,在不同的特殊教育机构接受教育。[①]法国现代特殊教育比较充分地保障了特殊儿童受教育的权利。

---

① 梁晓华.当今法国教育概览[M].郑州:河南教育出版社,1994:173.

三、美国现代特殊教育的发展

（一）美国特殊教育的立法

从美国特殊教育发展的轨迹来看，20世纪40年代是美国特殊教育发展标志性的十年。20世纪五六十年代，政府对特殊教育的参与程度有了质的变化，积极提升公众对残疾人的认知，制定残疾人政策。[①] 20世纪70年代，人权运动的发展进一步促使社会对残疾人的态度发生积极转变。1975年，美国国会通过《所有残疾儿童教育法》（公法PL94—142），彻底改变了美国20世纪特殊教育的面貌。在其后的几十年中，国会对该法进行了多次修订，使之成为美国特殊教育发展的保障。在回归主流、融合教育等思潮的影响下，美国特殊教育在观念和实践模式上有了重大变化，为特殊儿童享受平等的教育机会创造了更多的机会。根据美国教育部的统计数据，在2003—2004学年，超过630万的3—21岁残疾儿童和青少年接受了特殊教育服务。

美国政府对特殊教育的直接干预和宏观调控主要表现为制订有关特殊教育的政策法规并不断修订。这些法规不仅以法律的形式确立了美国特殊教育发展的方针和政策，保障了特殊儿童接受教育的权利，而且改变了人们的特殊教育意识，使特殊教育的发展得到了全社会广泛的支持。[②]

20世纪50年代"布朗诉托皮卡教育局"（Oliver Brown et al. v. Board of Education of Topeka et al）一案就是一个重要的扩大平等理念的诉讼案例，成为美国公民权利运动重要的奠基石。从20世纪中期到1975年《所有残疾儿童教育法》颁布前，美国制定颁布的与特殊教

[①] WINZER M A. The history of special education: from isolation to integration [M]. Washington, D. C: Gallaudet University Press, 1993: 365.

[②] 方俊明. 特殊教育学[M]. 北京：人民教育出版社，2005: 63.

育相关的法规主要有：1958年，美国国会通过《障碍儿童教育补助金法》(公法 PL 85—926)；1963年通过《智力落后设施和社区心理卫生中心设置法案》(公法 PL 88—164)；1965年通过《初等与中等教育法》(公法 PL 89—10)；1968年，通过《援助障碍儿童早期教育法案》(公法 PL 90—538)；1970年通过《初等和中等教育法修正案》(公法 PL 91—230)；1974年，通过《教育法案修正案》(公法 PL 93—380)。①

此外，《全国聋人技术学院法》(1965年)、《聋人示范中学法》(1966年)、《发展残疾者服务设施法》(1970年)、《经济机会法修正法案》(1972年)、《职业康复法》(1973年)、《援助发展残疾者权利法案》(1975年)等法案，均对特殊教育有相应的规定。

1975年11月，福特总统签署《所有残疾儿童教育法》。这是美国关于残疾儿童教育的第一部最完整、最重要的立法。1975年以来，该法得到多次修订。2004年12月，国会通过《2004年残疾人教育促进法》(公法 PL 108—446)。该法保留了之前法案的主要原则和组成部分，但也进行了许多调整。除了将法律的名称从"残疾个体教育法"改为"残疾人教育促进法"外，对学前特殊教育尤其是残疾婴儿和学步儿的早期教育做了详细的规定。

美国是实行典型的地方分权教育行政管理制度的国家，高度的地方分权是美国教育的最大特征，地方政府负有自治、自主管理教育的职责。随着法案不断通过和修订，联邦政府补助的经费也陆续增加，2008年的预算为190多亿美元，2009年的预算达到210多亿美元。

(二) 美国听障教育方法的发展

20世纪70年代以后，由于政府的重视，美国的聋人教育也发生了很大的变化。随着《所有残疾儿童教育法》《职业康复法》等联邦法

---

① 朴永馨.特殊教育[M].长春:吉林教育出版社,2000:109-113.

律的颁布,聋障学生有权接受"具有个人特色的教育计划"(IEP)。在受教育方面,IEP计划为聋障学生提供了广泛的选择自由,在普通课堂上还免费为他们提供以英语为基础的手语译员。口语教学法和言语矫治逐渐变得不再像此前那么重要,而寻求妥善的教育方法的目标则变得更为重要。这一明显的变化,使聋障学生在进入高等学校前的预备教育阶段取得成功的机会增多,2003—2004年,有79000名聋障学生接受了联邦资助。总的来看,美国现代听障教育方法的状况如下。

一是结束了长期的聋人教育的手语与口语之争,根据聋童的选择采用手语、口语、书写、图片等多途径的综合沟通法来帮助聋障学生获得信息。

二是认可"双语—双文化法"的聋人教育观,聋童不但能使用手语,同时也能使用第二语言英语进行阅读和书写。

三是围绕五大目标发展聋人教育课程:(1)学科知识和技能;(2)语言及交流思想能力;(3)批判思维和决策判断能力;(4)情绪情感;(5)生活技能。

四是加强聋人的高中后教育。从20世纪70年代开始,加入高中后教育计划的聋障学生人数急剧增长。所有聋障学生中约有40%接受高等教育。高中后教育计划的增加有助于扩大聋人接受职业教育和专业教育的机会。

(三)美国现代视障教育的发展

2002—2003年,美国接受视障教育的人数上升为29000人。美国现代盲童教育的安置主要有巡回教师模式、寄宿制学校、普通学校特殊班、资源教室等四种方式,其中,资源教室和巡回教师模式最受欢迎。由于倡导融合教育,2/3的盲童学生从封闭的寄宿制学校转到普通学校接受教育。美国盲校教育除了实行与普通公立教育一样的学制和课程外,还要增加定向行走、盲文、功能性视觉技能课程等特殊性课程。教学内容以生活为准绳，以儿童能够接受为基准，并最大限度地实施个别化教学、小组教学和协同教学。

美国虽然没有专门的特殊教育高等学校专门招收盲人，也没有针对盲人的特殊专业，但是美国大学招生没有全国统一的入学考试，盲人入大学没有特殊的门槛，因此，美国盲人高等教育得到了长足发展。据2001年统计，盲人大学生比例较高，每百名大学生中有4名是盲人。

（四）美国现代智障教育的发展

20世纪70年代，美国国会通过了三项直接涉及弱智教育改革的法律，即1973年的《职业康复法》、1974年的《教育法修正案》和1975年的《所有残疾儿童教育法》。这三项法律确立了弱智教育的五项基本原则：(1) 不论弱智程度如何，所有3—21岁的弱智儿童和青少年都有享受适合其需要的免费公立教育的权利；(2) 对弱智儿童的各种测验必须既是公正的，又是全面的，测验不能仅凭单一的标准；(3) 弱智学生的家长或保护人有权了解测验和诊断情况，并可对学校做出的决定提出抗议；(4) 学校须为每个弱智学生制订个别化教育方案；(5) 学校须为弱智儿童提供"最小受限制"的教育情境。这些原则奠定了美国改革和普及弱智教育的基础。①

21世纪80年代，美国越来越多的智障学生不再进入智障学校或普通学校的智障班，而是在正常班级学习。据1983年美国教育部统计，68%的残疾学生（包括智障学生）在正常班级接受大部分教育，进特别班级、特殊学校的分别只占25%和7%。只有那些中度、重度、极重度的智力落后学生留在特殊学校接受教育与康复。② 美国将智力落后学生的课程根据智障儿童的障碍程度来设置，对于轻度、中度和极重度三类智力落后儿童，课程内容各不相同。美国智障教育的

---

① 丁邦平.美国弱智教育的发展与改革[J].上海教育科研,1993(6):26-29.
② 休厄德.特殊需要儿童教育导论[M].肖非,等译.北京:中国轻工业出版社,2007:146.

教学策略主要有两种,即以社区为基础的教学和真实情境中的学习。

总之,"二战"结束以来,美国作为当今最发达的国家,在特殊教育方面走在前列。特殊教育整体上完成了从隔离到全纳的转向;1975年颁布的《所有残疾儿童教育法》经过不断修订,更加完善、系统;特殊教育的管理和经费得到保障;听力障碍、视觉障碍和智力障碍等特殊教育,无论是规模、类型,还是安置形式、课程、教学等,都有新的发展。美国在现代特殊教育发展历史上留下了宝贵的经验,为世界特殊教育的发展提供了借鉴。

四、日本现代特殊教育的发展

日本的文化和教育曾长期深受中国的影响,并将中国的思想加以吸收和融合,形成日本独特的文化教育传统。16、17世纪,尤其是明治维新时期以后,日本大量引进、学习欧美的发展经验,逐步建立起现代社会文化体系。日本现代特殊教育在日本历史和文化语境中逐步发展,大致可分为三个阶段:明治维新之前,日本的残疾人教育主要是对部分盲人的教育;明治维新到"二战"前后,日本的特殊教育体系基本确立;"二战"后,日本的现代特殊教育得到较快发展。[①]

日本最早记载残疾人的文献始见于公元858年。当时清和天皇的儿子失明,许多家庭出身良好的失明男子进入皇宫,成了他的仆人。[②] 886年,为了纪念去世的盲人王子,有些失明官员被任命去主管全国盲人的福利,有的人成为高级行政人员。当时日本的盲人能得到很好的保护,有机会投身艺术学习活动,许多盲人在音乐、按摩、针灸、文学、宗教方面取得了不小的成就。从这个意义上说,近代初期日本的残疾儿童教育是从盲人教育拓展开来的。

---

① 杨民.当代日本的特殊教育及其对我们的启示[J].中国特殊教育,2000(4):29-32.

② TAYLOR A. The blind in eastern countries: report of the Second Triennial International Conference on the Blind and Exhibition [R]. Manchester, 1908:175.

明治时代全方位的维新变革使日本顺利地进入资本主义发展时期。随着社会的发展，日本国民和政府对残障儿童教育有了越来越清楚的认识。1876年，出身于长野县的盲人熊谷实弥在东京创办了一所私立盲人学校。此时，日本残障儿童仍然被拒于公立义务教育的大门之外。

1878年，在当时担任寺子屋白景堂教师的古川太四郎与远山慧美等人的倡导和努力下，京都盲哑院作为日本最早的综合性残疾儿童学校在京都正式创立，次年更名为"京都府盲哑院"。该校具有独立校舍，其设立被视为日本特殊教育的开端。[1] 1887年以后，日本各地纷纷设立了盲聋哑学校，到1907年已经达到38所。1910年撤销了"东京盲哑学校"，设立了"东京聋哑学校"，这是日本盲、聋教育分离的开始。1923年，日本公布《盲校及聋哑学校令》，明确规定府、县有设立盲校和聋哑学校的义务。后来的私立学校大都移交给县、府管理，盲、聋学校有了更快的发展，学生人数也不断增加。到1944年，盲校共有77所，学生总数达5956人；聋哑学校有64所，学生人数为8421人。

日本第一个特殊班1890年设立于长野县松本市普通小学。1901年在馆林市的一所普通小学中也专门为学习成绩差的学生开设了特殊班。1917年，神奈川县的茅崎建立了一所养护学校——白十字会林间学校，接收患内分泌疾病及其他体质虚弱但没有传染性疾病的小学生。1940年，大阪成立专门的市立思齐学校，专门招收智障青少年，这是日本第一所为智障儿童设立的特殊教育学校。[2]"二战"期间，由于战争扩大，智障教育受到重创，很多智障教育机构被迫撤销。战后，在美国政府派遣的教育使节团的指导下，日本着手改革教育，先后颁布了《教育基本法》《学校教育法》等重要教育法律，确立了

---

[1] 张福娟.特殊教育史[M].上海：华东师范大学出版社，2000:235.
[2] 袁韶莹.日本的特殊教育[J].外国教育情况，1981(3):13-18.

日本战后的教育体制。1947年颁布的《学校教育法》规定,对包括高度弱视者在内的盲童,包括高度弱听者在内的聋童,以及精神薄弱、肢体不健全、病弱的儿童,要实行相当于一般中小学的教育,原则上肯定了盲校、聋校、养护学校与一般中小学一样,同为实施义务教育的机构,目的是为障碍学生提供同等的接受教育的权利,使他们学习和掌握必要的知识和技能。特殊教育的安置方式分为特殊教育学校、特殊班、资源教室、巡回辅导与普通班级等五大类。

自1979年实施义务教育制度以来,日本残疾儿童教育得到进一步发展。据1999年日本政府所编《发展残障白皮书》的统计,1997年,日本有各类专门性特殊学校917所,在校生48749人,普通小学、初中内所设的特殊教育班级达23400个,在校生66681人,残障儿童实际入学率超过98%。但是,在推行义务教育的同时,日本存在着特殊教育和普通教育、整个社会相互隔离的现象。在国际一体化、回归主流等教育思想的影响下,日本特殊教育开始改革。2001年1月,日本文部省的报告《21世纪特殊教育的理想方法——根据每个障碍儿童的需要进行特别支援的理想方法》将"特殊教育"改称为"特别支援教育",强调在盲聋哑特殊学校及特殊班级的教育基础上,对学习障碍儿童、注意力欠缺或多动性障碍儿童等在普通班级学习的需要予以特别、积极、相应教育的儿童给予援助。[①] 特别支援教育实施后,在行政、课程、安置等方面,中小学和原有的各类特殊教育学校发生了很多变化。一是将传统按照障碍分类设置的养护学校,如盲、聋、肢体和智障养护学校,统称为"特别支援学校",而设在中小学的特教班称为"特别支援学级",资源班称为"通级指导教室"。二是减少支援学校(特殊学校)中、小学部的班级学生人数,提高教育质量。三是实行副学籍制度,即在特殊学校或特殊班里就读的学生,同时在其居住

---

① 山口薰.日本的统合教育(二):最新国际发展动向和特别支援教育[J].现代特殊教育,2006(5):35-36.

地的普通学校有"第二个学籍",使这些就读特殊学校的儿童能与居住地保持紧密联系,更好地融入主流社会中。四是增加师生比,强调一对一的个别教学及小团体的教学活动。

总的来说,日本的特殊教育从过去强调义务教育的普及化发展到现在追求特别支援教育,成效明显,促进了教学方式、教学内容的融合,但政策还不够完善,发展也不太平衡,尤其是在学生创造力提升、跨专业合作方面还要付出更大的努力。

五、印度特殊教育的发展

印度是世界文明古国之一,早在孔雀王朝君主阿育王在位时,就为残疾人和穷人建立了收养院和医院。公元7世纪,印度为残疾人提供保护和救济金。

西方传教士开启了印度近、现代特殊教育之路。例如,大约于1605年开始,天主教会大主教梅内塞斯(Aleixo de Menezes)在果阿大教堂创立了一个孤女教育机构,使用葡萄牙语进行教育。[①] 在1790年,贝尔(Andrew Bell)创立了马德拉斯军事孤儿庇护所。在当地主教的大力支持下,1882年沃尔什(T. A. Walsh)建立了印度最早的特殊教育学校——孟买聋哑学校。1887年,在天主教堂医院从事治疗工作的传教士安妮·夏普(Annie Sharp)创建了印度第一所盲人学校。[②] 1918年,拉普拉斯(Miss Silvia de Laplace)在喀西昂创立第一所为智力残疾儿童开设的学校——儿童之家。据资料记载,到1920年,印度接受教育的聋生达20万人,盲人达60万人。

1947年8月,印度摆脱英国殖民统治独立。独立后的印度逐步建立起自己的民族教育体系。1949年印度颁布宪法,规定"国家应努

---

① MEERSMAN A, Notes on the charitable institutions the Portuguese established in India [J]. Indian church history review,1971(2):95-105.
② CHAUHAN R S. Triumph of the spirit: the pioneers of education and rehabilitation services for the visually handicapped in India [M]. Delhi:Konark,1994:79.

力在自宪法生效之日起,十年内为所有儿童提供免费义务教育,直到他们满14岁为止"。① 宪法为印度残疾儿童教育提供了最高的法律保障。

在西方一体化、回归主流等教育思想的影响下,印度1968年出台的《国家教育政策》和1986年公布的《国家教育政策》都涉及进一步动员全社会力量发展特殊教育、实施一体化教育的计划问题。在20世纪90年代,印度政府为残疾人康复和福利颁布了三项法律,即1992年《印度康复理事会法案》、1995年《残疾人法案》和1999年《全国残障者福利信托法案》。这三项立法的共同之处是关注残疾人的康复、预防、教育、就业、长期定居、人力资源开发与科学研究等问题,为印度特殊教育的进一步发展开辟了新的空间。

印度的特殊教育发展远远没有满足本国特殊需要儿童的教育需求。2004年8月9日发布的《印度残疾人口普查报告》显示,每一百个印度人中有两名具有某种形式的精神或身体残疾。截至2001年1月,印度的残疾率为2.13%。印度有21906769名身体和精神残疾人,有16388382人生活在农村地区,其余5518387人住在城市地区。残疾人性别分类为男性12605635人和女性9301134人。视力残疾者占48.5%,人数超过2000万。其次是肢体残疾者,占27.9%。智力残疾者占10.3%,言语和听力残疾者分别占7.5%和5.8%。印度全国抽样调查组织的一份研究报告得出结论,只有9%的残疾人得到更高一级的中学教育,但在农村地区,只有不到1%的残疾人入学。尽管印度政府和致力于残疾人教育的个人和非政府组织付出了巨大努力,但印度残疾儿童教育还有许多工作要做。

总之,印度作为世界文明古国之一,特殊教育的源头可以追溯到中世纪以前。到英属殖民地时代,各类特殊教育机构相继产生。印度独立后,特殊教育纳入政府的关注视野。从1949年的宪法,到

---

① 王长纯.印度教育[M].长春:吉林教育出版社,2000:99.

1986年的《国家教育政策》,在国家法律、政策的推动下,印度的特殊教育取得了较快的发展。从20世纪70年代开始,印度也在探索一体化的教育模式。

六、中国近代特殊教育的兴起

中国早在周朝就开始了训练盲人乐队的实践,但近代中国的特殊教育机构最早是由西方传教士创立的。1874年,传教士穆瑞(William Hill Murry)在北京创办了中国最早的盲人学校瞽叟通文馆。1887年,梅理士(Charles Rogers Mills)夫妇创办了中国最早的聋哑教育学校登州启喑学馆。

在西方思想的影响下,1859年,洪仁玕在太平天国后期建国纲领《资政新篇》中第一次提出建立盲聋哑院①,把特殊教育作为治国纲领。但直到辛亥革命后颁布的《小学校令》(1912年),中国政府才有建立特殊教育学校的简单规划。

中华民国时期是我国特殊教育的初步发展时期。从辛亥革命后颁布的《壬子·癸丑学制》,到1922年"新学制"颁布之前出台的一些教育政策法规,对特殊教育有着不同程度的规划,表明我国现代特殊教育政策初步形成。由于获得了政策层面的关注和支持,我国特殊教育的发展步伐有所加快。

1912年,全国临时政府教育会议后,民国政府颁布了《小学校令》《中学校令》《教育部官制》等一系列法令和规程,其中提到在初等和高等小学平行设立"盲哑类"特殊学校和动员社会办学的问题。民国政府教育部于1916年1月公布《国民学校令施行细则》,对盲哑学校的校长、教员的要求等做了比较具体的规定。这说明初建的民国政府已经开始把特殊教育视为整个国民教育体系的必不可少的组成部

---

① 洪仁玕.资政新篇[M]//荣孟源.中国近代史资料选辑.北京:三联书店,1954:139-140.

分,并对办学主体、经费负担和管理等问题进行了初步规定,有助于特殊教育的发展。

总的来看,1922年以后,民国政府对于特殊教育开始关注,从政策方面开始规划特殊教育的发展。但因社会动荡不安,特殊教育的实践也不充分,有关特殊教育的政策规定还相当笼统,往往是点到为止,形式多于内容,有时还有反复、退步,而且缺乏确保政策落实的配套措施,残疾儿童就学所能获得的政策支持力度明显不足。这一时期的特殊教育政策只是刚刚起步。

（一）盲人教育机构的建立

傅步兰（George B. Fryer）认为,西方传教士最早在华进行盲人教育的是1834年普鲁士传教士郭士立（Charies Gutzlaff）夫妇在澳门建立澳门女塾[①],但有确凿证据并被广泛认可的中国第一所盲校,还是1874年由威廉·穆瑞在北京创办的瞽叟通文馆。学校初创时只有两名学生,但到1914年,已经有超过250名学生从该校毕业。北京瞽叟通文馆在中国最早引介了"布莱尔盲文体系",并在此基础上加以中文认读的改造,按照《康熙字典》的音韵,创立了中国盲文——"康熙盲文"。

北京瞽叟通文馆成立后,中国盲人教育得到初步发展。1887年、1888年,武汉三镇各建一所盲校,其中著名的当属李修善在汉口创立的训盲书院。1891年,美国北长老会传教士赖马西（Mary W. Niles）在香港创立了明心盲人学校。后来,明心盲人学校与香港九龙的白灵敦盲校合办,学校规模得到进一步扩大。广州另一家著名的盲人学校是由美国人惠灵女士1872年创办的慕光瞽目院。在较早开埠的福建,传教士也建立了一批盲院:1895年英国人高罗以女士在福建古田县创设了明心女盲校;1898年,英国圣公会奥女士在福州建立了

---

① FRYER G B. Work among the blind of China [M]. Shanghai: China Mission Year Book, 1914: 313.

灵光盲童学校;英国圣公会1900年在福州建立盲女学校,1903年在福州施埔建立明道学校;1908年,英国传教士赵玛丽亚在建瓯创办了心光瞽矇工读学校。其他地方创办的盲人学校还有:1887年,传教士在广西桂平创建了耀心瞽目院;1891年,英国长老会牧师甘为霖(William Gambel)在台湾建立训瞽堂;1897年,德国传教士布斯乐在香港建立了心光盲院;1901年,英国圣公会在九龙建立九龙盲人学校;1902年,英国长老会在沈阳建立重明瞽目女学堂;1908年,中国内地会在长沙创办长沙瞽女学校。

当时影响较大的是傅步兰于1911年创办的上海盲童学校。该校在成立初期就聘请了国内外名流如教育家黄炎培等担任校董,具有较高的声誉。至1920年,全国共有29所盲校,784名盲生。①

(二)聋人教育机构的建立

传教士梅理士夫妇于1887年创立的登州启喑学馆是中国近代第一所聋哑学校,也是近代中国规模最大、存在时间最长、影响最深远的一所聋哑学校。它将西方的手语传入中国,为中国聋哑教育事业的兴起与发展做出了巨大的贡献。从1898年到1926年,先后有164名聋哑儿童在登州启喑学馆接受了教育和训练。

在登州启喑学馆等早期聋哑教育机构的影响下,20世纪初中国出现了多所聋哑学校(见表2-1)。

表2-1　1927年前中国开设的启喑学校一览表

学校名称	开办时间	地址	备注
登州启喑学馆	1887	登州	传教士创办
台湾省立台南盲哑学校	1890	台南	英国人创办,与传教士关系不详

① 中华续行委办会调查特委会.中华归主:中国基督教事业统计(1901—1920)(中册)[M].北京:中国社会科学出版社,1985:765.

(续表)

学校名称	开办时间	地址	备注
烟台启喑学校	1898	烟台	传教士创办
杭州聋哑学校	1909	杭州	基督教徒与烟台启喑学校学生创办
保定盲聋哑学校	1909	保定	烟台启喑学校教工主持
固城美以美女校聋哑女生班	1910	固城	传教士创办,与烟台启喑学校关系密切
福州聋哑学校	1915	福州	与烟台启喑学校关系密切
南通盲哑学校	1916	南通	同上
湖南省救济院盲哑学校	1916	长沙	不详
福建古田聋哑学校	1917	古田	与烟台启喑学校关系密切
私立华北聋哑学校	1919	北平	同上
上海天主教聋哑学校	1921年以前	上海	传教士创办
成都市基督教盲哑学校	1922	成都	传教士与烟台启喑学校学生创办
辽宁私立聋哑职业学校	1923	沈阳	不详
上海福哑学校	1926	上海	与烟台启喑学校关系密切
天津聋哑学校	1927	天津	同上

资料来源:曹立前.传教士与近代中国启喑教育[J].近代史研究,1994(6):36-48.

第四节 当代特殊教育的发展趋势

20世纪中期以来,世界特殊教育发生了巨大变化,人们对特殊教育的认识日新月异,特殊教育领域的实践逐步由特殊教育走向全纳教育。通过对世界特殊教育发展历史的简单回顾,我们看到,特殊教育的发展充分反映了这种进步倾向。其中最显著的变化趋势,第一是特殊教育从以前依靠少数热心人士的慈善之心来发展,转变为依法发展。从《1944年教育法》《沃洛克报告》直至《为了所有儿童的成功:满足特殊教育需要》,英国特殊教育逐步走向了法制化的轨道;在法国、德国等国,特殊儿童受教育的权利都有法律保障。第二是特殊教育的实施途径从依靠专门机构——特殊学校,开始转向一体化,直至全纳模式。第三,特殊教育的发展出现了向两端延伸的趋势。特殊高等教育、学前儿童特殊教育,均在欧洲出现。第四,特殊教育从看护、训练为主到重视特殊职业教育。第五,欧洲现代特殊教育的发展还体现了现代世界教育民主化的影响,从隔离式特殊教育向一体化、回归主流和全纳教育转变,正是教育民主化的必然要求。

一、当代特殊教育发展的背景

进入21世纪以来,在发达国家与地区,特殊教育是整个教育体系的重要组成部分。从教育理念的更新和教育方法的改进来看,特殊教育已经是近半个世纪以来世界上发展最快的教育领域。

特殊教育之所以能得到国际社会的高度关注,获得较快的发展,其深刻的社会背景可归纳为如下四个方面。

一是第二次世界大战以后,世界范围内相对的和平与稳定以及科学技术的进步,促进了社会生产力的发展和人们生活水平的提高,为特殊教育的发展提供了一定的物质基础。

二是教育民主化思想的渗透,使人们更加强调男女之间、正常儿童与特殊儿童之间、各个民族之间的教育机会平等。对教育公平的普遍认同、对教育资源均衡的倡导为各国的特殊教育立法、政策制定提供了思想基础和舆论准备。

三是现代科学的发展、高新技术的进步以及脑科学、人工智能、医学等相关学科的发展,一方面加深了对特殊儿童成因的认识,另一方面也为残疾儿童的学习、生活开辟了新的途径,提高了残疾儿童教育和训练的实际效果。

四是国际社会残疾人事业的发展、文化教育方面的国际合作促进了国与国、地区与地区之间残疾人事业和特殊教育的经验交流。例如,中国政府在联合国《残疾人权利国际公约》上签字,向国际社会表明了我国发展残疾人事业和特殊教育的庄重承诺。

二、世界特殊教育发展的趋势

近半个世纪以来,世界特殊教育的发展在教育观念上经历了重大转变,即特教对象不断扩大、特教理念不断更新、特教模式不断转化、特教立法成为共识、特教支持保障体系逐步完善、特殊教育国际合作日益加强。总的来说,当代特殊教育呈现出国际化、现代化、信息化的发展趋势。

一是特殊教育从慈善型向权益型转变。发展特殊教育不再是一些富有同情心的社会人士和宗教信徒慈善的义举,而是负责任的政府和社会应该承担的社会责任。

二是从医疗型向医教结合型转变。在特殊儿童的评估、鉴定和教育安置的过程中,不仅要考虑到特殊儿童的身体状况和生理条件,更要关注特殊儿童的心理健康、社会适应能力和世界观教育,使特殊教育从单纯的医疗型向医疗、教育与训练相结合的"医教结合"的方向转变。

三是特教概念从狭义型向广义型转变。如前所述,世界上对特殊教育对象的范围有两种划分:狭义的特殊教育是指对有明显的生理障碍的各类残疾儿童的教育;广义的特殊教育是指接受特殊教育的特殊儿童包括残疾儿童、天资优异的超常儿童和有严重的情绪与行为问题的儿童。目前,世界上大多数发达国家或地区都采用广义的特教概念,认为特殊教育的对象是一切有特殊需要的儿童,包括盲、聋、智障、自闭症、脑瘫等不同类型、不同程度的残疾儿童,天资优异、智力超群或具有某一方面特殊才能的超常儿童,以及学习不良和有严重情绪与行为障碍的儿童。

四是从隔离教育向融合教育转变。当代特殊教育倡导从隔离回归主流,推行随班就读和融合教育,强调特殊儿童应尽可能安置在更少限制的正常环境中,与普通学生一起接受教育和训练,以增强社会适应能力。

五是对特殊教育专项立法的普遍认同。为了保障弱势群体的权益,大多数特殊教育比较发达的国家和地区都采用专项立法的形式来监督有关机构和特殊儿童的父母、教师和相关专业人员。

六是从单纯的补偿教育向补偿与潜能开发相结合转变。当代特殊教育思想认为,对特殊儿童教育和训练的重心不再是过分地局限于单纯的生理缺陷的补偿,而是在一定的补偿基础上保持优势,挖掘潜能,提倡超越自我,挑战极限,体现特殊人群超越身心障碍、渴望平等参与的勇气和信心。

三、我国特殊教育的发展

改革开放四十年来,尤其是"十二五"期间,我国特殊教育工作取得了显著的成绩。党和政府十分关心残疾人事业,高度关心与重视特殊教育,通过贯彻、实施《国家中长期教育改革和发展规划纲要(2010—2020)》和特殊教育提升计划,使特殊教育在规模、质量和效益上有了较大提高,取得了显著成就。

(一)残疾儿童义务教育普及水平显著提高

残疾儿童义务教育是特殊教育的主体,也是特殊教育的重中之重。长期以来,政府采取分类指导、区域推进的策略,坚持"零拒绝",

采取随班就读、送教上门等多种形式,经过多年探索,形成了以特殊教育学校为骨干、以大量普通学校的随班就读和特教班为主体的基本格局。实践证明,这种格局既符合世界特殊教育的发展趋势,也符合我国人口众多、发展不平衡的国情,是发展中国特殊教育的一条正确道路。现在,我国在普通学校随班就读和特教班的学生数量已经占到了残疾学生总数的三分之二,其他类型的有特殊需要儿童的教育问题,正在得到越来越多的关注,残疾儿童、少年义务教育入学率有了明显的提高。截至 2016 年年底,全国特殊教育学校已达 2080 所;包括在普通学校随班就读的残疾学生在内,在校三类残疾学生已达到 49.17 万人,三类残疾儿童的入学率达到 90% 以上。

近年来,我国特殊教育投入稳步增长。仅"十五"期间中央财政下拨的特殊教育专项补助费就达 1.36 亿元,不少地方还不同程度增加了配套性的特殊教育投入,使一批特殊教育学校的办学条件得到明显改善。残疾学生生均公用经费大幅度提高,达到每年 6000 元以上,对残疾学生的各种补助也不断提高,有些地区实现了义务教育阶段的全免费教育。

(二)特殊教育发展格局和体系逐步完善

在普及和巩固残疾儿童义务教育的基础上,我国特殊教育开始向学前特殊教育、高中阶段教育、职业教育和高等教育阶段延伸,残疾人受教育层次不断提高,特殊教育体系日趋完善。

首先,特殊儿童的早期教育与康复得到了关注。普通幼儿园接受了一批残疾学生接受早期融合教育,以做好特殊儿童的幼小衔接,帮助他们进入小学和中学,接受义务教育。

其次,是发展职业教育,加强对完成了义务教育的学生进行职业教育,使学生具备一技之长,有独立自主的生活能力。

再次,伴随残疾人教育事业的发展和高等教育的大众化,越来越

多的残疾学生进入高等学校接受普通高等教育和高等职业教育。

最后,在终生教育理念的指导下,残疾人的成人教育、远程教育和短期培训也得到快速的发展。

(三)课程改革稳步推进,教育质量显著提高

在学习借鉴国际先进的特殊教育理念以及我国普通教育课程改革经验的基础上,教育部对特殊教育学校的培养目标、课程设置、教学内容、教学手段、教学方法、评价机制等进行了全面深入的改革。2007年,教育部颁发了盲、聋、弱智三类特教学校义务教育课程设置方案,在此基础上,教育部组织全国特殊教育和课程论的专家及一线教师,经过前后十年的努力,于2016年年底公布了42门特殊教育学校义务教育课程标准(盲校18门,聋校14门,培智学校10门),针对不同类型残疾儿童的身心特点,提供适合其发展的学习内容和教学方法。目前,正在根据课程标准编写各科教材。

近年来,我国许多与特殊教育密切相关的学科,如脑科学、认知神经科学、语言学等开展了有关特殊儿童的基础研究。教育部组织了"十五特殊教育科研课题"评审,鼓励、支持特殊教育学校结合教学实践努力开展科研。有关高校、科研机构和学会等也设立了科研课题,围绕特殊教育改革与发展、不同类型特殊儿童的发展与教育等问题,进行深入的科学研究,取得了一批具有较高理论水平和应用价值的成果。

(四)教师队伍不断壮大,教师专业化程度逐步提高

建立一支数量充足、结构合理、专业化程度高的师资队伍,是发展特殊教育事业的关键。到2016年年底,特殊教育学校的专业教师已达48125人。此外,在普通学校承担随班就读和特教班教学工作的教师也逐年增加。大专以上学历的教师达82%,特教专业毕业和

进修过特教的教师超过了二分之一。随着华东师范大学、北京师范大学、华中师范大学、陕西师范大学先后创建特殊教育专业的博士点、博士后流动站,一些师范院校建立特殊教育的硕士点,多次举办骨干校长高级培训班,目前我国特殊教育教师和管理人员的学历层次和专业能力都有了明显提高。

2015年8月,教育部公布《特殊教育教师专业标准(试行)》,作为特殊教育教师培养、准入、培训、考核的重要依据,引起了特教界的广泛关注。教育部等单位联合下发《关于加强特殊教育教师队伍建设的意见》和《关于扩大特殊教育教师培养规模的通知》,针对特教教师数量不足等问题,给予指导性意见。

2017年新修订的《残疾人教育条例》专章阐述了特殊教育的教师教育和培训对提高特殊教育质量的重要性,对特殊教育教师的从业资格、教师编制、待遇提高等问题做出了比较明确的规定。

(五)特殊教育发展的社会环境明显改善

特殊教育事业作为社会事业的组成部分,纳入了社会事业发展的整体规划,国家保障残疾人权益的法律法规、政策、制度也在不断完善和落实。2017年2月1日国务院公布的《残疾人教育条例》在1994年颁布的《残疾人教育条例》的基础上进行了大幅度的修订与补充,充分反映了我国残疾人事业与特殊教育发展的现实与需要,总结了实施《国家中长期教育改革和发展规划纲要(2010—2020)》与"十二五"期间的发展经验,其科学性与可行性在第一期特殊教育提升计划实施与国家特殊教育深化改革实验区建设的进程中得到了充分的验证。从立法基础、指导思想、法规的权威与修改补充的内容来看,2017年新修订的《残疾人教育条例》体现了《中华人民共和国教育法》《中华人民共和国义务教育法》等有关教育法律、法规的立法精神,是我国残疾人教育与特殊教育发展历史上全面和具体地指导残疾人教育与特殊教育发展的专项法规。

我国特殊教育起步较晚,起点较低,与世界特殊教育和国内其他基础教育、高等教育领域相比,还存在很大的差距,存在一些亟待解决的问题,是制约我国教育整体发展的一块短板。我国的特殊教育还需要国家和社会更多的支持,以达到与我国的综合国力和文明进程相适应的发展水平,更好地体现中华民族传统的人文精神与现代化发展的有机结合。

第三章 特殊教育学核心概念

每一个学科,都有一系列核心概念来表明学科的研究主旨、研究对象、研究方法以及基本理念等。本章围绕特殊教育的对象、特殊儿童的评估与鉴定、特殊教育的目标与机构、特殊教育的模式等,介绍特殊教育学学科核心概念。

第一节 特殊教育的对象

一、特殊儿童与有特殊教育需要的儿童

特殊教育的对象是特殊教育学的核心概念。在2013年全国科学技术名词审定委员会公布的《教育学名词》的词条中,对"特殊教育"的定义是"教育的一个组成部分。运用一般和专门设计的特殊的课程和手段,以尽可能与普通教育融合的方式,对有特殊需要者进行的旨在达到一般或特殊培养目标的教育。广义为对各类有特殊教育需要者的教育;狭义为对有残疾者的各级各类教育"。[①] 朴永馨教授主编的《特殊教育辞典》中,用来说明特殊教育对象的基本概念有9个,分别是特殊儿童、残疾儿童、障碍儿童、缺陷儿童、异常儿童、偏常儿童、特殊需要儿童、特殊教育需要儿童、学校处境不利儿童。[②] 这9个有关特殊教育对象的概念中,需要详细加以阐释的是特殊儿童、特殊教育需要儿童这两个概念。如果我们采用图解的方式来表示这些概念,这两个核心概念之间的关系如图3-1所示。

---

① 教育学名词审定委员会.教育学名词[M].北京:高等教育出版社,2013.
② 朴永馨.特殊教育辞典[M].北京:华夏出版社,1996.

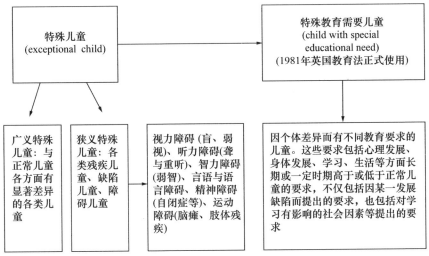

图 3-1 特殊教育儿童概念的内涵与外延

从图 3-1 中我们看到,"有特殊教育需要"是特殊教育对象的同质性,特殊教育有广义和狭义之分,特殊教育的对象也有多种类型。广义的特殊教育可以分成三大类。

第一类是有明显的身心障碍的残疾儿童。其中身心障碍类型包括视觉障碍(盲与弱视)、听力障碍(聋与重听)、智力障碍(弱智)、肢体障碍、精神障碍(自闭症等)、病残和多重障碍等。

第二类是有各种心理和行为障碍的问题儿童,包括学习问题(学习障碍、阅读困难、计算困难)、行为问题(打架、斗殴、吸毒、偷窃、反社会)、情绪问题(悲观厌世、过于冲动、抑郁、自杀)等不同类型的问题。

第三类是同样需要帮助的超常儿童,包括有超常智力、能力和资质禀赋优异的天才儿童。

狭义的特殊教育只是将有明显身心障碍的残疾儿童列为教育对象。

一般来说,一些经济比较发达、教育发展程度较高的国家和地区多采用广义的特殊教育概念,特殊教育的对象是多种类型的。例如,美国将6—21岁有教育需要的特殊儿童细化为13类,分别为特指性学习障碍、言语语言障碍、智力障碍、重点情绪障碍、多重障碍、听力障碍、肢体残疾、其他健康损伤、自闭症、视力障碍、发展迟缓、外因性脑部损伤、聋盲双残等。

我国目前基本上是采用狭义的特殊教育概念,大多数地区主要是将视力障碍、听力障碍、智力障碍儿童作为特殊教育对象,但在一些比较发达的省市也将精神障碍(自闭症等)、脑瘫、超常儿童等作为特殊教育的对象。如上海将9类有特殊教育需要的儿童列为特殊教育的对象。北京、上海、广州等经济比较发达的地区也逐步采用广义的特殊教育概念,将资赋优异的超常儿童和有情绪、行为问题尤其是有学习困难问题的儿童列入特殊教育的对象。学术界还有人认为,少数民族地区儿童、贫困地区儿童、寄养儿童、留守儿童等一些处境不利的儿童也应列入特殊教育的范围。

对于"有特殊教育需要"的理解和界定仍然是特殊教育学中一个有争议的问题。目前,有三种代表性的观点。一是特殊教育应以狭义的特殊教育对象为主,特殊教育的重心是残疾人的教育,在我国,目前这种观点还占主导地位;二是认为超常儿童、学习困难儿童和有行为和情绪问题的儿童也应列为特殊教育的对象,这也是大多数经济比较发达、特殊教育比较发达的国家和地区比较认同的观点;三是从人权的角度、教育公平的角度将一切有"特殊教育需要的儿童"都列入广义特殊教育对象的范畴。

在界定特殊教育对象和特殊教育的服务范围时,一是要明确地界定,所谓特殊教育的需要是学生基于个体差异的显著性在身心发展上对特殊教育条件的依赖性;二是要分析和判断学生的个体差异是否具有教育意义和是否达到需要特殊教育给予帮助的程度。个体差异是普遍存在的,但有些差异并不影响学习与教育,至少是不会严重影响个体的学习与教育,因而不具备教育的区分意义。另外,即使是有教育意义的个体差异,也只有达到一定程度时,才需要特殊教育的帮助。我们不能把特殊教育等同于残疾人教育,也不应该将当代特殊教育的对象扩大到一切有群体差异和个体差异的人群,那样会导致特殊教育对象的极端泛化。①

通过上述特殊教育对象和特殊教育概念的比较和分析,我们不难看出,对特殊教育对象的界定采用了不同的学科标准。概括起来说,主要是医学标准、心理学标准、社会学标准和特殊教育学多重学科标准的综合运用。

医学评估标准遵循循证医学的原理,认为没有生物与生理变异、没有疾病的人,便是正常的人。例如正常人的细胞有 46 个染色体,而唐氏综合征患者有 47 个染色体,因而导致智能不足,属于有发展障碍的儿童。根据医学原理的标准来判断儿童发展的正常和特殊,有一定的客观性和确定性。

心理学观点常和社会行为发展观点结合,认为在一定的社会经济文化环境中,有长期形成的、大家认可的、比较稳定的心理发展水平和社会行为标准。例如,正常的三岁儿童一般都能接受上厕所训练,大多数四岁的儿童能够玩简单的玩具,等等。如果某一儿童远离这些发展标准,就会被认为是发展障碍儿童。因此,通过观察儿童在一定的社会经济文化环境中的行为,可以对儿童发展的正常和特殊做出一定的判断。需要注意的是,心理发展与社会行为的常模标准有较大的弹性和主观性。

特殊教育学的观点,本身是根据教育与教学原理,强调学习的能力,从概念性定义和操作性标准两个方面着手统筹考虑特殊儿童的鉴别与界定。特殊教育学的观点通常采用多学科的综合评估方法来确定特殊教育的对象,既会根据统计学的原理,从医学和心理发展与

---

① 盛永进.特殊教育学基础[M].北京:教育科学出版社,2011.

社会行为常模等不同的维度来区分特殊儿童与正常儿童,又会充分考虑不同类型的特殊教育需要,进行集体与个别相结合的教育方式。例如,根据正态分布的统计原理,人群的行为特征、智力状况大致上都是呈钟形的正态分布,因此,将负两个标准差以下,即智商低于70的人称为弱智,将两个标准差以上,即智商高于130的人称为智力超常者。

在特殊儿童的评估和鉴定过程中,我们逐步清楚地看到两方面的变化。一是随着科技的发展和社会的进步,与特殊教育儿童的评估与鉴定密切相关的医学、统计学、社会学本身也都在不断地发展,例如,现代医学不再是单纯地以药物和手术等手段来治疗疾病、进行功能补偿或重建的临床医学,而是保健医学、预防医学、临床医学和康复医学的结合;统计学在社会科学学科中的运用不断丰富,已从相对简单的描述性统计发展到更为复杂的推理性统计和建模分析。二是特殊教育学本身的研究已积累了大量资料,足以独立吸取相关学科的研究成果来建立自己的评估与判断标准。正因为这样,在对特殊儿童的评估、鉴定上,医学、统计学和社会学三种标准中隐蔽的学科倾向和权重在不断地发生改变。

概括地说,现代特殊教育对象的评估和鉴定应该综合运用多学科观点与范式,即综合运用上述三种不同的原理,从教育学和心理学的观点加以综合分析、判断,动态地界定和区分正常儿童和特殊儿童。

二、特殊儿童的分类

根据特殊教育需要这一特殊教育对象的同质性,我们可以从狭义和广义特殊教育的角度,将有特殊教育需要的儿童分为三大类:一类是有特殊教育需要的有明显身心障碍的儿童;一类是有特殊教育需要的问题儿童;还有一类是资赋优异的超常儿童。

（一）有特殊教育需要的障碍儿童

1. 视觉障碍儿童

视觉障碍，是指由于各种原因导致双目失明、视力减弱或视野缩小，难以胜任一般人所能从事的工作、学习或其他活动。视觉障碍依其程度又可以分为"低视力"和"盲"两种。

通常幼儿在一岁以上就开始会辨识物体，眼球会随着远方的物体转动。如果发现幼儿在看远处的时候容易眯眼；用眼时，头会向某一特定方向倾斜；常有揉眼的习惯；眼睛容易畏光、对光线敏感，时常无缘无故流眼泪、不断眨眼，就需要引起注意。这些现象可能是幼儿视觉出现问题的先兆，如不及时采取措施，有可能就会导致幼儿视觉障碍。

2. 听觉障碍儿童

听觉障碍又称听觉受损，是指感测或理解声音的能力完全消失或部分降低。对听觉障碍进行分类最为常见的方法是将其划分为聋和重听。聋人是指那些因听力残疾而无法在助听设备帮助的情况下顺利通过听力处理语言信息的人。重听者通常是指在使用助听设备的情况下，有足够的残余听力通过听力处理语言信息的人。

新生儿在出生时就已经有了听觉，大部分新生儿在出生24小时后对声音刺激就有反应；3个月的时候，就会对各种新奇的声音感到好奇，会主动寻找声源。如果家长在孩子的后面说话或发出声音，他就会转头寻找。如果6个月以后，家长呼唤孩子时，孩子无反应或反应迟钝；平时对声音不敏感，比如刚入睡时，大声也很难把他吵醒；对声源的位置判断能力很差，例如在孩子的一方喊他时，他不能准确地把头或身子转向呼唤人的位置，而是转向相反的方向——这些很可能是孩子的听觉功能出现问题的征兆。

3. 智力障碍儿童

智力障碍，是指18岁之前出现的智力功能显著低于同龄人，且在沟通、生活自理、居家生活、社会技能、自我管理等适应行为方面存在明显的障碍。

当儿童出现以下多种情况时,应引起足够的警惕:需反复或持续刺激后才能引起啼哭;哭声无力或缺乏音调的变化;多睡,常表现出无意识的多动,注意力不集中,容易烦躁;很少主动注视四周的变化,对声音不敏感;对玩具缺乏兴趣,反应迟钝,表情呆板或有特殊面容(脸平而宽、眼距宽、鼻梁低、眼外侧上斜、舌常伸出口外);进食时,没有咀嚼活动,常发生吞咽困难;出生6个月后,双手仍常常紧握,两眼总看着手;两眼对周围的人和物没有反应,见到亲人缺乏兴趣;在学会走路后(甚至到2—3岁),不会独立行走,两脚依然相互乱碰导致频频跌倒;不会按照要求,指出自己的眼、耳、鼻、口;等等。

4. 自闭症谱系障碍儿童

自闭症谱系障碍是一种广泛性发展障碍,一般表现为社会交往障碍,沟通模式异常,兴趣与活动内容的局限、刻板与重复等。此类症状在幼儿3岁之前就已显现。

自闭症儿童常在社会交往、言语语言以及兴趣、行为方面存在异常:不理人、不看人,对人缺少反应,很少与人有眼神交流;不怕陌生人,不容易和亲人建立亲情关系;缺少一般儿童的模仿学习;不和小朋友一起玩耍;难以体会别人的情绪和感受;不能以被人接受和认可的方式来表达自己的情感和需要;语言发展较同龄孩子慢或完全缺失;在了解他人的口语、肢体语言等方面表现出不同程度的困难;表现出重复他人说话的鹦鹉学舌式语言;兴趣狭窄和行为重复刻板;持续地全神贯注于物体的某个部分;喜欢旋转的物体;经常拍手、转圈、尖叫;有固定的习惯,如出门一定要沿同样的路线;狭窄而特殊的兴趣,玩法单调反复,缺乏变化;环境布置要求固定不变,稍有改变就不能接受而抗拒、哭闹、发脾气;等等。

5. 脑瘫儿童

脑性瘫痪，简称脑瘫，是指自受孕开始至婴儿期非进行性脑损伤和发育缺陷所导致的综合征，主要表现为运动障碍和姿势异常。脑性瘫痪的运动障碍常伴随感觉、认知、交流、感知、行为、继发性肌肉骨骼障碍及癫痫等。

脑瘫儿童在出生后至9个月前所出现的异常情况可表现为：3个月内易惊，啼哭不止或哭声微弱，睡眠困难；出生后哺喂困难，如吸吮无力，吞咽困难，进食时呛咳，体重增长缓慢；对外界刺激反应差，表情淡漠，过分安静，自发运动少；运动发育落后，4—5个月时仍然竖头不稳，4个月仍不能用前臂支撑负重，扶站时以足尖着地或两下肢过于挺直、交叉等；目光不能追视物体；身体松软，不会翻身，四肢僵硬等；6—8个月仍不会自己坐起；经常出现异常的肌张力和异常的姿势，如双手屈指内收、双拳紧握、前臂内旋、头颈后仰等。

6. 多重残疾儿童

多重残疾，是指存在听力残疾、视力残疾、言语残疾、肢体残疾、智力残疾、精神残疾中的两种或两种以上残疾。多重残疾儿童会表现出多重障碍。

动作发育迟缓或严重运动障碍是多重障碍儿童常见的特征之一。运动障碍不仅限制障碍儿童的动作表达，而且严重影响他们对丰富世界的感知，特别是在其生长发育早期。这些运动障碍有些在早期经过康复训练可以得到改善，有些伴随终身。许多多重障碍儿童有视觉、听觉、本体感觉和其他感觉障碍的一种或几种障碍。大多数多重障碍儿童存在严重的认知问题，现有的智力测验工具难以施测，所以，多重障碍儿童的个人档案上往往没有智商分数。由于中枢受损或（和）发声器官发生结构上的畸变和功能上的缺陷，很多多重障碍儿童在与他人的交流上存在明显的缺陷，难以表达自己的需求和意愿以及明了他人陈述的意思。多重障碍儿童的健康状况有很大的差异性,与同龄正常儿童相比较,有的儿童健康状况良好,但也有不少儿童的健康状况明显不佳。

(二)有特殊教育需要的问题儿童

1. 学习障碍儿童

学习障碍是一种神经性发展障碍,是个体在涉及理解或运用语言(口头或书面语言)方面的基本心理过程失常。这种失常可能表现在听、想、说、读、写、拼音或数学计算方面的能力不足,但不包括由视觉、听觉或运动系统缺陷,智力落后,情绪失常或由环境、文化、经济状况引起的学习问题。学习障碍学生尽管智力正常,听觉和视觉完好无损,但是在读、写、计算中仍会不断出现问题,总是达不到与其智力相匹配的学业成就。

学习障碍分类有阅读障碍、书写障碍和数学障碍等。阅读障碍包括阅读习惯、朗读、回忆、理解技能和阅读策略运用等方面的障碍。书写障碍包括握笔方法不正确、书写姿势不正确、字不均匀、字间距不当、笔顺不正确、字迹潦草、字混写等。数学障碍主要表现在阅读与书写数字困难、数数困难、数位困难、计算技能不良、问题解决缺陷和空间组织障碍等。

2. 情绪与行为障碍儿童

儿童情绪与行为障碍是指儿童在行为和情绪上失去常态,表现异常,以至困扰他人或自己,从而在社会、家庭生活中适应困难,妨害身心发展,带来有害的行为结果。情绪与行为障碍儿童的特征有:既不是由智力、感官残疾也不是由健康条件引起的学习低能;不能与同龄人、家长、教师建立或维持令人满意的人际关系;在正常情况下,也会出现过度的情绪困扰和令别人难以接受的行为方式;长期伴有不愉快的心境和抑郁、沮丧、压抑感;有无意识的抵触行为和不合群的孤僻感;等等。

情绪与行为障碍儿童通常表现为两个维度和两个方面:两个维度

是外倾型和内倾型,两个方面是学业方面和人际交往方面。外倾型情绪与行为障碍儿童通常表现为固执、好斗、爱挑衅,也包括反社会行为。内倾型情绪与行为障碍儿童的明显表现是社会性退缩、沮丧、自卑和焦虑,甚至陷入深度的抑郁。情绪与行为障碍儿童不适当的行为会导致学业不良。情绪与行为障碍儿童比正常的同龄人更少对他人有同情心,更少参与课程活动,更少与朋友联系,因此也很难建立起高质量的友谊。

3. 言语、语言障碍儿童

言语障碍可由视、听、发音、书写器官的器质性病变造成,也可以是发育性的言语障碍,如口吃和发不出某些辅音。语言障碍常见于发育期,如儿童学语迟缓,也见于某些精神障碍,如大脑受损造成失语症时语言和言语均有明显障碍。语言能力是智力表现的一个重要组成部分,所以在智力落后或智力发育不全等情况下都有语言障碍。

导致语言障碍的原因可分为两大类。一类为原发性语言障碍,包括发音困难、表达不清、说话不流利和口吃,如发音困难大多由于经常发生呼吸道感染和发音不当而出现慢性喉炎、声带发炎、结节所造成。另一类为继发性语言障碍,主要原因是智力发展障碍。还有一些生活在多种方言混杂的家庭的孩子,无所适从而引起语言障碍,或者生活在缺乏语言刺激环境当中的孩子,其听说能力得不到训练,也可能造成语言障碍。

(三) 有特殊教育需要的超常儿童

超常儿童,也称资质优异儿童或天才儿童,他们的主要特点是有高于常人的智商,有较高的领悟能力和解决问题的能力,或在某一方面有特殊才能。美国1978年公布的《优资儿童教育法》将超常儿童分为五大类:普通智能型、创造型、学术型、领导型、表演和艺术型。尽管目前有些国家的特殊教育法中对资质优异儿童的教育问题做出了明确的规定,但这批儿童的特殊教育需要常被教育界忽视。近年来,对资质优异儿童教育的研究日益增多,对他们的教育需要才予以重视。特殊教育能帮助资质优异儿童减轻心理负担,调节情绪,更客观地认识和处理问题,进一步发挥潜能,形成健全的人格。

第二节 特殊儿童的评估与鉴定

一、医学评估与鉴定

随着生殖医学的发展,新生婴儿死亡率不断降低,高危新生儿抢救成活率不断提高,这在一定程度上导致了残疾儿童发生率的提高。根据中国出生缺陷监测中心所提供的数据,1996—2007年间,我国出生婴儿缺陷发生率从8.77‰上升到14.79‰,其中25%的出生缺陷婴儿由遗传因素所致,65%由遗传因素和环境因素共同作用引起,10%由环境因素所致。此外,存活的婴儿除了有些有明显的缺陷外,还有一部分由于携带致病基因,可能出现遗传疾病。

特殊儿童的医学鉴定包括以下三个部分。

(一)出生前筛查

出生前筛查的目的是防止严重特殊障碍患儿的出生,这是减少严重缺陷特殊儿童出生的有效手段。近年来,可以进行出生前筛查的遗传病有染色体病、特定酶缺陷所致的遗传性代谢疾病、可进行DNA检测的遗传病、多基因遗传的神经管缺陷、有明显形态改变的先天畸形等多种疾病。随着我国医疗条件的改善和医疗水平的提高,许多妇幼保健院和儿童医院可以开展出生前筛查,以减少残疾儿童的出生。

(二)新生儿筛查

新生儿筛查能通过对新生儿的早期筛查,在患儿出现不可逆的损伤之前给予适当的治疗,防止日后临床症状的出现。有些发达国家已经将发病率较高,有致死、致残、致愚等严重后果且有比较准确和实用的筛查方法并符合经济效益的病种列入新生儿早期筛查的范围。我国列入新生儿早期筛查的疾病有苯丙酮尿症、先天性甲状腺功能低下、G6PD缺乏症等。

（三）医学临床检查

医学临床检查是通过医生来进行的专业检查,多在眼科、耳鼻喉科、儿科等专科医院由专业医生来进行。例如,对听力障碍儿童的临床检查,多由耳科医生进行耳部检查,询问病史,采用纯音听力计、抗阻测听仪等进行听力检查,了解耳聋的性质与程度;对视力障碍儿童的临床检查,多由眼科医生采用视力表、视野表、眼底镜等仪器进行眼睛检查,了解视力水平、视野大小与视力障碍的程度;精神障碍儿童的医学检查需要精神科医生采用量表测量、脑电图、电子计算机断层扫描(CT)、核磁共振成像(MRI)等方法进行神经系统的一般检查、脑神经检查,了解其神经发育的情况和障碍的程度。

不难看出,从出生前筛查、新生儿筛查和临床检查的程序与功能来看,医学鉴定比较适合残疾儿童的鉴定与评估,尤其是对有明显的感官障碍、肢体障碍和脑功能障碍的残疾儿童的评估,主要是根据儿童的生理发展水平与障碍程度来界定特殊儿童。

但是,对于其他类型的有特殊教育需要的儿童,这种单纯的医学鉴定和评估是不充分的。例如,学习障碍儿童和严重行为与情绪障碍儿童可能伴有明显的心理发展障碍,却未必有明显的生理发展障碍。因此,对特殊儿童的评估与鉴定,除了医学检查外,还需要心理发展和社会行为的评估来进行界定。

二、心理和行为评估与鉴定

心理和行为评估与鉴定是根据儿童的心埋与行为发展水平来评估、鉴定儿童发展的正常与异常。

心理测量和行为评估是特殊儿童的评估与鉴定过程中经常采用的方法。这些评估量表有的已经标准化，例如，由美国耶鲁大学盖塞尔（A. Gesell）及其同事编制的盖塞尔发展量表（Gesell Development Scale），由美国丹佛大学心理学家弗兰肯伯格（W. K. Frankenburg）与多兹（K. Dodds）共同编制的丹佛发育筛选测验量表（Denver Development Screening Test），经我国修订的广泛使用的韦氏儿童智力量表（Wechsler Intelligence Scale for Chirdren）和斯坦福—比奈智力量表（Stanford-Binet Intelligence Scale），文兰社会成熟量表（Vineland Social Maturity Scales）等，都是特殊儿童评估与鉴定中常用的标准化心理与行为发展量表。除了这些标准化的心理与行为发展量表之外，还有一些非标准化的由教师和专业人员自编的筛查和评估量表，应用于特殊儿童的评估与鉴定。近年来，专家也开发了一些专门评定自闭症的观察评定量表。

心理与行为评估与鉴定，除标准化和非标准化的评估之外，还有借助于心理仪器与设备的实验性评估。例如，儿童守恒能力的实验测试、儿童眼动轨迹的实验测试都是常用于特殊儿童心理与行为发展的实验性评估。

三、社会学评估与鉴定

从社会学角度来看，特殊教育是涉及政治、经济、文化等多方面因素的问题。1994年6月10日，在西班牙萨拉曼卡召开的"世界特殊教育大会"上通过的《萨拉曼卡宣言》（The Salamanca Statement）强调每一个儿童都有受教育的权利，各国政府应当重视特殊教育，制定法律、法规和规划，保证经费投入，建立示范性项目，确保师资培训，动员儿童家长、相关组织和全社会支持特殊教育的发展。《萨拉曼卡宣言》认为，有特殊需要的儿童应该包括"一切身体的、智力的、社会的、情感的、语言的或其他任何有特殊教育需要的儿童"，提出了最广义的特殊教育对象,即包括残疾儿童、发展障碍儿童、超常儿童、流浪儿童与童工、孤儿院儿童,以及少数民族、贫困地区的处境不利儿童等。这种广义的特殊儿童的界定,不仅涵盖了医学评估与鉴定、心理和行为评估与鉴定,还渗透了社会学对特殊儿童生存与发展状况的评估与鉴定。换言之,社会性评估与鉴定从政治、经济、地域、文化与生存环境的角度,将一切处境不利的、需要特殊关注和帮助的儿童与青少年都列入了特殊教育的范畴。由此可见,特殊教育是普通教育的重要组成部分,只有通过政府主导下的社会大教育的综合改革,才能真正解决好特殊教育的问题,促进每一个儿童的发展与教育。

四、特殊教育的综合评估与鉴定

对特殊儿童的评估与鉴定是特殊教育过程中不可忽视的部分,但评估与鉴定只是教育的过程和手段,是为特殊儿童教育的全过程服务的。一般来讲,特殊儿童教育的全过程中必然要经历多次评估和鉴定,才能比较准确地确定儿童在不同发展阶段的身心发展水平和学习能力,才能准确地掌握对儿童进行干预、康复和教育的绩效。因此,特殊儿童教育更需要的是包括医学评估与鉴定、心理与行为评估与鉴定、社会学评估与鉴定的综合评估与鉴定。特殊教育的综合评估与鉴定是在"医教结合"的基础上充分地考虑特殊儿童的身心发展水平与社会生存环境的评估与鉴定,是综合了教师教学性评估和家长意见、科学测评与日常观察相结合的评估与鉴定。这种特殊教育的综合评估与鉴定更强调从教育的角度来考虑教育对象的个体差异,为制定特殊儿童个别化教育方案,对特殊儿童实施针对性的干预、康复和教育实践提供依据。

不同的学科有各自不同的理论基础、学科视角和标准,对特殊儿童的评估与鉴定来说,医学评估与鉴定关注的焦点是儿童的生理发展水平,心理与行为评估与鉴定关注的焦点是儿童的心理与行为发展水平,社会学评估与鉴定关注的焦点是儿童的生存与教育环境,而特殊教育的综合评估与鉴定关注的是生理、心理、行为和学习能力的综合发展水平和学习的能动性,为实施特殊儿童个别化教育提供科学依据,确定儿童发展的方向,检验干预、康复和教育的目标与实施效果。概括地说,特殊教育的综合评估与鉴定既要考虑特殊儿童的群体差异,也要考虑特殊儿童的个体差异,在综合分析相关学科评估与鉴定的基础上,最大限度地改善教育环境,调动特殊儿童学习和生活的主观能动性,使其能更好地适应社会和构建自我。

特殊儿童的综合评估与鉴定是涉及众多社会部门的系统工程,需要在政府的统筹规划下,在相关学科专业人员的通力合作中进行。

第三节 特殊教育的目标与机构

特殊教育的总目标与普通教育是一致的,但由于特殊儿童群体和个体的差异,在具体的成长与教育目标方面更多地强调生存目标,尤其是其中的学习目标和劳动目标。

一、教育目标

教育,作为人类目的性很强的实践活动,和劳动一样,是为了满足人的各种需要。受教育的需要大致可以分成两大类:一是生存需要,包括安全、种的繁衍、衣食住行等生理和物质需要;二是精神需要,包括认知、交往、美的享受和受到肯定、爱与友谊、自尊等方面的需要。为了满足上述需要,人们要接受一定的教育,通过学习,掌握一定的知识、技能和能力,通过一定的劳动来创造财富,满足不同水平的物质需要和精神需要。

(一)生存目标

对有特殊需要的儿童,尤其是对有身心发展障碍的残疾儿童来说,教育的生存目标是通过教育来帮助他们克服障碍,学会生存。残疾儿童的生存教育包括相互依存的两个方面:一是通过缺陷补偿来培养生活自理能力,尽量减少在生活上对他人的依赖;二是通过学习和训练掌握更适合自己的学习手段和作业方法,增强自己的生活、学习与劳动能力。

生存教育中实现自理目标对残疾人来说是至关重要的。例如,目前全盲的学生只有学会使用盲杖、导盲犬,才能独立行走,扩大自己的活动范围,训练"以耳代目"和灵敏的触觉,独立处理日常生活;聋人只有通过"以目代耳"的方式学会手语、唇读,接受助听器或人工耳蜗等方面的训练,才能采用多种沟通方法与别人进行沟通,更好地参与社会生活。

生存教育中实现学习目标与劳动目标直接影响到特殊儿童的生活和工作质量。例如,盲童要通过学习盲文和使用盲人电脑来培养自己的学习能力;聋童要学习手语来提高自己的阅读和学习能力;智力障碍儿童要掌握最基本的生活自理能力,掌握最基本的文化科学知识,从事比较简单的劳动;等等。

(二)创造与自我实现目标

教育除了满足人的生理与物质需要,还要满足人的精神需要。普通教育是这样,特殊教育也是这样。在一般人的眼里,特殊教育只是一种低要求、低水平的教育,其实不然,即使是对有严重生理发展障碍的残疾儿童来说,在生存教育的基础上,仍然要通过良好的教育来培养特殊儿童的自尊、自立、自强,提高他们的人文素质和创造能力,树立正确的价值观和人生观,帮助他们戒骄戒躁,在艰苦的劳动和工作中,在为社会服务的过程中,体验到个人的价值与尊严,在适应环境和改造环境的辩证发展中得到应有的精神满足,保持身心健康。对一部分残疾儿童来说是这样,对一些有情绪和行为障碍的儿童、处境不利的儿童、天资优异的超常儿童来说也是这样。注重培养特殊儿童的自尊心、责任感,使他们保持乐观、开朗的生活态度,是非常重要的教育任务。

二、教育与康复机构

特殊儿童应该根据其需要和身心发展的实际情况,安置于一定的教育与康复机构中进行教育。这些教育、康复机构一般是不同类型和层次的特教学校、普通学校、康复机构和活动中心。

(一)特教学校

特教学校,即特殊教育学校,是专门对特殊儿童进行教育的学校。特教学校招收的对象主要是身心发展障碍比较严重的儿童,如盲童、聋童、中重度智力障碍儿童、脑瘫儿童等。特教学校多为分类设置,有较多的专业人员,按一定的标准建造适合不同类型特殊儿童的校舍和教育、教学、康复设施,所以比较容易管理和实行,是特殊教育尤其是特殊儿童九年义务教育的骨干力量。

特教学校的无障碍设施比较齐全,盲校有培训盲童定向行走的场所,聋校有设备齐全的听力测试室和言语训练室等专业设施。特教学校的教师多接受过系统的特教训练,能进行盲文和手语的教学,掌握针对特殊儿童的教育、教学与康复方法。但是,受融合教育思想的影响,在一些经济比较发达和融合教育开展得比较好的国家和地区,这类隔离型的特教学校越来越少。普通学校的融合教育成为当代特殊教育的主流。

(二)普通学校

普通学校是指普通儿童接受教育的学校。按照学习的年限及学习内容,普通学校一般可以分成小学、初中、高中、职业学校、大学等不同层次。

在隔离教育背景下,原先普通学校是不接受有明显身心障碍的残疾儿童或残疾学生的。只是在回归主流和融合教育的背景下,各级各类普通学校办起了特殊教育班或开展随班就读,接受残疾儿童进入普通学校,逐渐成为实施特殊教育的主要场所。融合教育的实践表明,特殊儿童在普通学校接受教育,将更有利于他们就近上学,增强适应社会和服务社会的能力。

特殊儿童在普通学校随班就读是我国发展特殊教育的一项政策,我国不断扩大随班就读的规模,改善特殊儿童在普通学校接受教育与训练的条件,优化融合教育的环境,提高特殊学生在普通学校接受融合教育的教育质量。我国已经有一半左右的残疾学生在各级各类普通学校上学。伴随融合教育的发展和随班就读条件的改善,我国进入普通学校接受教育的特殊儿童数量有上升的趋势,越来越多有身心发展障碍的特殊儿童,不但在普通学校完成了义务阶段的教育,而且进入普通职业学校和普通高等院校接受职业融合教育和高等融合教育。

(三)康复机构

康复机构是指采用医教结合的各种有效方法,对身心发展障碍儿童进行矫治、护理、训练、干预的机构。按康复的目标、措施和功能,康复活动可划分为医学康复、教育康复、职业康复和社会康复;按康复机构实施的地点,可分为医院康复、学校康复、家庭康复、社区康复等。

传统的康复中心主要是突出医学康复,从康复诊断(如心肺功能、运动功能诊断等)和康复治疗(如理疗、体疗、言语治疗、心理治疗等)入手进行康复。康复中心的专业人员多为康复医师、康复护士、物理治疗师、作业治疗师、言语治疗师、假肢师和矫形技师。这种医学模式的康复中心,既有综合性的,也有专科性的。前者对多种类型的残疾儿童进行康复,后者是有针对性地对某一两类特殊儿童进行康复,如脊髓损伤康复中心、脑瘫儿童康复中心、自闭症儿童康复中心等。据不完全统计,我国现有听力语言康复机构1059所,智力残疾儿童康复机构798所,儿童福利院397所,自闭症康复机构30所。我国康复人才从2011年的94026人增加到2015年的232370人,平均每年增加三万多人。

近年来,在"医教结合"理念的指导下,康复机构多采用医校结合、家校结合的方法联合设置。2013年,教育部招生简章中增设"教育康复"专业,华东师范大学、四川乐山师范学院、上海天华大学等学校创设了教育康复专业,为培养不同类型、涉及不同学科的康复人才提供了学科平台。特殊教育将以教育康复为主导,更好地体现康复的衔接性和持续性,提高特殊儿童的素质和能力,使他们能最大限度地克服障碍、增加补偿、发挥潜能和适应社会。

(四)特殊儿童活动中心

活动中心是指给参与者提供活动空间的场所,按照参加活动者的年龄,可分为幼儿活动中心、青少年活动中心和老年活动中心等。特殊儿童活动中心是为特殊儿童提供活动的中心,按照活动内容和方式,可分为体育活动中心、艺术活动中心、阅读中心、游戏活动中心等;按照活动场所,可划分为学校活动中心、校外活动中心、社区活动中心等。与教育机构、康复机构相比,特殊儿童活动中心尽管包含教育和训练的内容,但更注重的是不同类型特殊儿童自身的活动,倡导根据儿童的天性,在游戏、表演、竞赛、展示等活动中提高特殊儿童的体能、技能和素养。

第四节 特殊教育的模式

关于特殊教育的模式,从宏观、中观到微观通常有三种理解。

第一种理解是从宏观的角度,也就是从社会生产发展的角度来探讨教育活动的模式,认为教育模式是根据生产方式的变化而改变的。例如,有学者把人类社会先后出现的教育模式概括为手工教育模式、农耕教育模式、工业教育模式和人文教育模式。不同的教育模式源于不同的生产方式中形成的教育目标、手段、方法。手工教育模式把儿童看成是手工制作的黏土，教育过程就像制作陶器、瓷器等手工产品一样，根本用不着考虑这些材料和制品本身的感受；农耕教育模式把儿童看作是具有生命力的植物，教育过程就是通过播种、浇水、施肥等农耕手段让他们开花结果；工业教育模式是把教育对象看成是社会这部大机器中的零部件，教育的过程是根据社会需要，采用大工业的科学方法成批地铸造和打磨这些零件，有的是栋梁，有的是螺丝钉。上述三种教育模式，从本质上来讲，都是从实用出发，没有把人当作人来培养，没能体现人文精神，因此，也很难给有身心发展障碍的儿童留下受教育的空间。只有人文教育模式才可能强调人文素质和科学精神：首先，是尊重人，尊重一切的教育对象，包括有身心发展障碍的教育对象；其次，是消除任何歧视，包括性别歧视、种族歧视、残疾人歧视和经济与文化歧视，维护教育公平、公正；最后是按照社会需要和自身需要来提供教育机会，最大限度地发展受教育者的潜能，为推动人类社会的文明进步而共同努力。由此可见，从宏观的角度来看，现代特殊教育的发展是社会教育模式的重要组成部分。

第二种理解是从中观的角度，即从不同国家教育制度的特点来划分教育模式。各个国家社会政治、历史文化背景不同，采用的教育模式也不尽相同。如法国、苏联的教育模式，强调国家办学，集中统一；美国的教育模式提倡地方分权、开放和多元。

第三种理解是从教育、教学过程的结构、组织方式，活动过程的场所、程序、方法等方面来划分教育模式。根据身心发展障碍儿童的特点，其教育、康复、训练过程可以分为早期教育模式、医学康复模式、基础教育模式、职业教育模式与高等教育模式等教育模式。

一、早期教育模式

从特殊教育发展的历史来看,18世纪后期世界上第一批特殊学校建立后不久,欧美一些国家建立了盲童幼儿园和聋童幼儿园。随着特殊教育和儿童医学等相关学科的发展,强调对特殊儿童进行早期教育已成为现代特殊教育的主要发展趋势。特殊儿童早期教育模式由对特殊儿童的早期发现、早期诊断、早期干预和早期训练等组成。及早地发现婴幼儿的发展障碍,了解残疾的类型、程度与原因,充分利用儿童发展的关键期,及时地给予矫正、干预、训练和教育,非常有利于发展障碍儿童日后的恢复与成长。例如,自闭症谱系障碍儿童常在1岁半时就能从是否有指点追视行为、是否具备共同注意等本能来进行鉴别,先天聋童也可以在婴幼儿早期鉴别出来。如果能通过早期发现和鉴别,发现一部分发展障碍儿童,就可以采取适当的早期干预措施来补偿这些缺陷,把障碍的程度减到最低水平。与错过最佳时机的特殊儿童教育相比,早期教育模式常会收到事半功倍的效果。

由于婴幼儿还没有进入学校,早期教育模式多在家庭、医院和幼儿园,依靠儿童家长、专业医生和幼儿教师来进行。

二、医学康复模式

医学康复模式主要是针对不同类型发展障碍儿童的特点,进行缺陷补偿和功能康复训练。如聋童康复模式是对聋童进行听力测试,佩戴助听器,安装人工耳蜗,进行语言训练等听力补偿的康复与训练;盲童康复模式主要是对先天白内障幼儿进行复明眼科手术,对先天盲童进行行走技能训练,加强训练盲童的嗅觉、听觉、触觉的敏感性,以补偿视觉的缺陷;智障儿童训练模式则通过统感训练、运动训练来刺激其大脑发育。医学康复模式主要在儿童医院、康复中心、养育院、福利院、幼儿园、学前班等机构实行。随着特殊教育和康复医学的发展,在"医教结合"理念和早期教育理念的指导下,许多特殊学校都采用医校结合、家校结合的方法,开设特殊儿童学前班和社区康复训练中心,对有发展障碍的儿童进行水疗、感觉统合训练、运动治疗、音乐治疗等多种形式的医学康复训练。

三、基础教育模式

基础教育是普通的文化知识教育,也是为受教育者继续升学或就业培训打好基础的教育。基础教育一般是指小学和初中教育,也就是国家规定的义务教育阶段。特殊教育的基础教育模式是采用普通和特殊的教育、教学方法,帮助有发展障碍的儿童完成基础教育阶段的学习,掌握一定的文化科学知识,为将来的升学和就业培训打好基础。

由于义务教育是必须普及的教育,特殊儿童的基础教育模式是我国特殊教育发展的主要模式,多在特殊学校和普通学校的随班就读中完成。目前,我国大多数中重度残疾儿童是在特殊学校完成基础教育,而轻度的特殊儿童在普通学校就读。

四、职业教育模式

职业教育是传授某种生产、劳动知识和技能,培养就业能力的教育。职业教育一般是在中学教育阶段进行,分初等职业教育和高等职业教育两个阶段。第二次世界大战之后,随着科学技术的发展,各国职业教育的模式有很大的变化,普通职业教育从内容上来看,与普通教育和职业技术教育结合得越来越紧密,且有向高等职业教育发展的趋势。

特殊儿童的职业教育模式是让一部分特殊儿童掌握一定的职业知识,通过职业培训、职业咨询和就业指导培养其社会就业能力,帮助他们成为能通过就业、劳动来自食其力的人。与普通学生的职业教育不同的是,特殊儿童的职业教育模式也常和职业治疗、职业康复结合在一起进行。

五、高等教育模式

高等教育泛指中等教育以上以培养高级专业人才为目标的各级各类教育。现代高等教育源于欧洲中世纪的大学,如意大利的波洛尼亚大学、法国的巴黎大学和英国的牛津大学等。19世纪后,高等教育迅速发展,逐渐形成包括公办和民办的不同层次、不同种类、不同教育形式的培养高等专门人才的教育模式。

高等特殊教育是指中等教育阶段以上的特殊教育。我国高等特殊教育体系包括两大部分:一是指特殊学生尤其是残疾人的高等教育;二是指培养特殊教育专业人才的高等教育。残疾人的高等教育又有三种不同的模式。一种是专门为某类残疾学生设立的大学或特殊教育班,如1864年在美国华盛顿专门为聋人建立的加劳德特大学,中国1987年在吉林省长春市建立的以盲、聋、肢残青年为招生对象的特殊教育学院,1988年在山东滨州医学院开设的残疾人本科班等。一种是残疾人在普通高等院校"随班就读",如上海师范大学盲人班。第三种高等特殊教育的模式是网络大学、远程教育和自学考试的模式,即残疾大学生利用远程教育平台,通过自学考试等形式完成高等教育,成为高等专业人才。

从事特殊教育的专业人才涉及教育学、心理学、医学、社会学等相关学科的人才,需要高等特殊教育培养大批的师资、管理和科研工作者。许多大学都设立了特殊教育系和特殊教育研究所,成为我国高等特殊教育的重要组成部分。随着特殊教育和高等教育的发展，我国的特殊教育已经从基础教育阶段上下延伸，学龄前的早期教育与中学阶段以上的职业教育与高等教育不断发展。

总的来说，与普通教育相比，特殊教育的发展只有较短的历史。二百五十年以前，世界上还没有系统的特殊教育，许多有身心发展障碍的儿童被关在学校的门外，没有机会接受学校教育，只有很少的特殊儿童受到家庭教育和普通教育的指导。然而，近半个世纪以来，世界特殊教育迅速发展，我国更是奋起直追，不仅教育理念不断更新，教育对象不断扩大，而且教育方法也不断改进，大有后来居上之势。

第四章 特殊教育学关键术语

每一个成熟的学科,都有一套专业术语,用于专业人员的学术沟通和学科知识体系的建构。本章从现代特殊教育思想与理念、特殊儿童的身心发展、特殊儿童的教育与教学、特殊教育常用的测验与量表、特殊教育师资与专业人才培养、特殊教育管理等方面介绍特殊教育学学科关键术语。

第一节 特殊教育思想与理念

近半个世纪以来,世界各国都不同程度地致力于教育改革,希望教育能与经济、政治和多元文化之间形成良性的互动,推行教育科学化、民主化和多元化。在这种时代精神的影响下,特殊教育迅速进入前所未有的发展阶段,其中最突出的特点是教育思想活跃、理念更新、与时俱进。从特殊教育思想和理念的关键术语中我们不难看出现代特殊教育从隔离式教育向融合教育的转变、从残疾人教育向广义特殊教育的发展。

在这些关键术语中,出现频率最高的是融合教育(inclusive education)。这个用来描述障碍学生融入正常班级、学校、社区环境,参与学习和社会活动的关键术语,体现了现代特殊教育的指导思想,它的形成与发展大致经历了"正常化""回归主流""反标签化"和"全纳教育"等不同的发展阶段。

融合教育的基本含义是不要把障碍儿童孤立于隔离的、封闭的教室、学校和居住环境之内,应最大限度地使障碍儿童与正常儿童一起参加学前教育、基础教育和高等教育,最大限度地发挥有特殊需要儿

童的潜能。

当代融合教育思想的形成和发展经历了两个主要发展阶段。

第一个阶段(20世纪80—90年代)以特殊教育学界"反标签化"、反鉴定评估中的"纯医学观点"以及倡导"无歧视评估"为主要标志。倡导者指出标签化的评估会给特殊儿童一生的发展带来许多负面影响,主张更多地从社会心理的角度关注儿童教育,而不是从纯医学传统对盲、聋、弱智儿童进行简单的分类,并建议用"有特殊教育需要的儿童"的概念来代替"残疾儿童"的称谓。

第二个阶段是从20世纪末到现在,这一时期连续召开的几次国际特殊教育会议和一系列国际宣言和行动纲领,使融合教育思想更为成熟,更能体现人本主义精神和教育公平的追求。著名的《世界教育全民宣言》(1990)、《哈尔滨宣言》(1993)和《萨拉曼卡宣言》(1994)等使许多国家和地区对融合教育有了比较深入的理解和认同,采用立法形式将推行融合教育列入公共教育政策。

一、隔离式教育

隔离式教育是最早的传统的特殊教育理念和安置模式,即将特殊儿童尤其是残疾儿童安置在专门建立的机构中接受教育。从18世纪现代特殊教育兴起到20世纪中叶,隔离式教育是特殊教育的主要模式。隔离式教育的主要特点是将特殊儿童尤其是残疾儿童安置在专门的特教学校和机构中,为他们提供一定的教育和训练。在这种专门的特教学校(一般都按障碍类型分类,如盲校、聋校、智障学校等)和机构中,专业设施和专业人员更为集中,特殊儿童能接受更有针对性与专业性更强的特殊教育。但是,在这种学校和机构学习和训练的特殊儿童的活动范围受到教育环境的限制,没有机会更多地与正常儿童相处,毕业后适应社会环境的能力比较差。在回归主流思想的影响下,从20世纪90年代开始,在特殊教育比较发达的国家,隔离式教育遭到批评与指责,已成为一种非主流的特殊教育形式。但是,在一些人口密集与特教资源相对短缺的国家和地区,如何结合国情,通过内部的改革来更好地发挥特教学校和机构的资源优势和扩大特殊儿童适应社会的能力,仍是值得深入探讨的问题。

二、正常化与回归主流

正常化意指淡化异常,拆除隔离,为特殊儿童提供正常的教育与学习条件,使之回到正常社会。回归主流意指让在隔离环境中接受教育的特殊儿童回归主流社会,学会在正常化的主流社会中学习和生活。20 世纪中叶,正常化思想起源于北欧。在正常化思想的影响下,20 世纪 60 年代到 80 年代,回归主流运动在美国首先发起,后来在英国等国得到积极响应。这一运动对"隔离式"的特殊教育提出了严厉的批评,认为隔离式教育不仅有碍特殊儿童回归主流社会,还体现着对残疾人的隐性歧视。回归主流运动强调残疾儿童教育安置形式的非隔离性和最小限制性,认为特殊儿童应该遵照"在最小受限制的环境"中接受教育,根据不同类型、不同程度儿童的需要,设置各种类型的特殊教育,制订个别化教育计划。不难看出,特殊教育正常化和回归主流都表达了与传统的隔离式教育针锋相对的特殊教育思想。在特殊教育学中,与正常化异曲同工的还有"一体化""混合教育"等术语。例如,西欧从正常化的理念出发,主张残疾儿童应尽可能在普通教育机构接受教育。

三、瀑布式特殊教育服务体系和最小限制环境原则

瀑布式特殊教育服务体系是 20 世纪 70 年代美国学者迪诺(Evelyn N. Denao)针对不同障碍程度的儿童和安置形式提出的特殊教育服务体系。这一服务体系的鲜明特点是层次分明,相互连贯,接受特

殊教育的学生可以根据教育水平和实际需要向上或向下移动。由于接受服务学生的人数、机构的大小呈现出上大下小的倒三角形的瀑布型,而被称为瀑布式特殊教育服务体系。[①]

如图 4-1 所示,瀑布式特殊教育服务体系一共分为七层。最上面一层接受轻度的残疾儿童,学生人数最多,他们在普通学校的全日制普通班随班就读,学习环境受限制的程度最小,提供强度最低的服务。最下面一层是为极重度和重度残疾儿童服务的医院或其他隔离式养育机构,人数最少,学习环境中受限制的程度最大,提供最高强度的特教与康复服务。美国提出瀑布式特殊教育服务体系的操作性假设是美国有发展障碍的儿童都能根据其需要被安置在这一体系中一个最小受限制的环境中接受特殊教育服务。

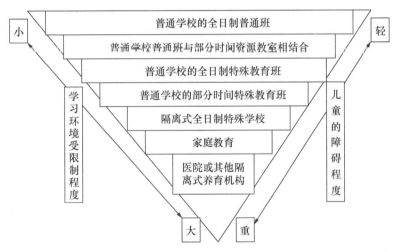

图 4-1 瀑布式特殊教育服务体系示意图

瀑布式特殊教育服务体系清晰地表明了现代特殊教育安置的一条基本原则,即根据特殊儿童障碍的轻重,将特殊儿童安排在最小受

---

① TAYLOR S J. Caught in the continuum: a critical analysis of the principle of the least restrictive environment[J]. Research & practice of persons with severe disabilities, 2004(4): 218-230.

限制的环境中接受教育。换言之,对轻度障碍儿童来说,应尽量安排他们在普通学校和普通学生一起接受教育,与普通学生一起成长。

1975年,最小限制环境(The Least Restrictive Environment, LRE)原则被正式纳入美国《所有残疾儿童教育法》,成为美国特殊儿童安置和教育中必须遵照执行的重要原则。最小限制环境原则规定,特殊儿童必须最大限度地与普通儿童一起接受教育,只有当残疾的程度和性质严重到即使利用了额外的辅助设备和服务措施,仍不可能在普通教室中接受教育时,才可以将特殊儿童安排在有一定限制的环境中接受教育。为了保障这部分儿童的教育需要,在一定学区内要为这些中重度障碍儿童安排特殊班、特殊学校、养护学校、送教上门等教育环境与路径。最小限制环境原则倡导和支持特殊儿童尽可能在主流环境中接受教育,但也承认其他教育安置与教育环境的合法性。

最小限制环境原则与瀑布式特殊教育服务体系是一脉相承的,都认可特殊教育的多元安置。几十年来,这一特殊教育服务体系已被世界上许多国家接受,随着现代特殊教育的发展,这一体系的平台性、动态性、互动性和支持性越来越得到彰显。它也对特殊儿童在普通学校所需要的教育辅助设施、学习通用设计、差异教育提出了很高的要求。同时,它也一直受到完全融合教育基于教育平等和社会适应目标的批评。

四、反标签化和非歧视评估

反标签化意指反对特殊儿童评估和鉴定中的简单标签效应,是倡导"无歧视评估"的主要标志。最早围绕标签化问题进行研究的是心理学家罗森查(R. Rosenthal)和杰克伯森(L. Jacobsen)。他们对小学学生进行了一次记忆测验,并贴上与实际的测试水平不相干的各种标签,但一年后的重测结果表明,凡是被贴上"记忆能力好"标签的学生,学习能力提高很快,有的真的成为班上学习最好的学生。实践证明,标签起到了定势和鼓励的作用。因此,一些特殊教育界人士认为,如果给某类特殊儿童贴上"残疾儿童""智障儿童"的标签,就有可能助长他们的自卑感,使他们觉得自己是低人一等的没价值的人,是家庭、学校和社会的包袱。

"非歧视评估"强调在特殊儿童的评估与鉴定过程中,应该充分考虑到社会文化差异,反对一切显性和隐性的种族歧视和文化歧视。"非歧视评估"和"反标签化"是密切相连的两个概念。在20世纪八九十年代,反标签化和非歧视评估理念基于如下背景而引发了反标签运动。一是美国民权办公室的调查数据表明,由于文化差异,许多少数民族儿童被鉴定为弱智、学习困难和学习低能儿童。例如,1984年的调查数据表明,美国黑人儿童占美国儿童总数的16%,但黑人弱智儿童的人数却占美国弱智儿童总数的38%。二是教育生态学研究表明特殊儿童尤其是发展障碍儿童的产生与他们的生活环境不佳有密切的关系。三是遗传学和脑科学的相关研究表明,有些特殊儿童与普通儿童之间的差别,不是简单的发展水平的量的差别,更多的是涉及神经机制的质的差别。总之,特殊教育的反标签化运动认为简单的标签化的评估会给特殊儿童一生的发展带来许多负面影响,主张更多地从社会心理的角度关注儿童教育,并建议用"有特殊教育需要的儿童"的概念来代替"残疾儿童"的称谓。

五、零拒绝

零拒绝意指不能以任何理由来拒绝特殊儿童接受国家规定的义务教育。它是保障特殊儿童接受教育的权利、落实特殊儿童国民义务教育的行动口号。零拒绝认为所有的残疾儿童都应该接受免费的、适合其需要的公立教育,公立学校和相关机构应为他们提供相应的特教服务。美国在20世纪中叶提出这个口号,并在1975年的《所有残疾儿童教育法》中将零拒绝、非歧视评估、免费适当的公费教育、教育正当程序、家长参与等作为美国特殊教育工作中必须贯彻的原则。零拒绝演变成为公立学校不得拒绝任何残疾儿童免费上学的立法理念。近些年来,我国一些特殊教育比较发达的地区如北京、上海、广州等地也提出这个口号,并将其列入地区制定的特殊教育发展规划。

六、送教上门

送教上门是指为不能到校就读的重度残疾儿童、少年提供的家庭或社区服务型的教育康复方式。我国《特殊教育提升计划(2014—2016)》明确指出,县(市、区)教育行政部门要统筹安排特殊教育学校和普通学校资源,为确实不能到校就读的重度残疾儿童、少年提供送教上门或远程教育等服务,并将其纳入学籍管理。《特殊教育提升计划(2017—2020)》仍然强调,特殊教育学校、普通学校随班就读和送教上门的支持保障能力要全面加强。2015年1月教育部公布的37个特殊教育深化改革实验区建设项目中有14个送教上门项目的研究,对送教上门的对象、支持保障体系的建立、管理与运行机制、专业指导等问题进行了深入的研究。2017年,在内蒙古巴彦淖尔市乌拉特前旗召开了全国义务教育送教上门专题研讨会,交流了我国送教上门工作的经验。

七、随班就读

随班就读是我国20世纪80年代开始广泛开展的一种让特殊儿童在普通学校普通班一起学习的特殊教育形式,它与西方的回归主流和瀑布式特殊教育服务体系,在形式上有共同之处,但在推行的指导思想、实施方法等方面有一定的中国特色。三十多年的实践表明,大面积地推行"随班就读",解决了很大一部分残疾儿童就近上学、普及义务教育的问题,取得了明显的成就。原国家教育委员会1994年发布的《关于开展残疾儿童少年随班就读工作的试行办法》从7个方面对随班就读作了明确的规定。为了提高随班就读的质量,"十五"期间,教育部曾在全国选择100个县进行随班就读支持保障体系的研究,第一期国家特殊教育提升计划公布之后,在37个特殊教育改革实验区建设中有22个项目是针对随班就读问题的研究。多年来,对随班就读问题进行的大规模实验研究越来越清晰地表明了随班就读与融合教育的关系、建立与完善随班就读支持保障体系的重要性,以及在普特融合、普职融合、医教结合、教康结合中提高随班就读质量的可行性。

八、融合教育与逆向融合

融合教育也称全纳教育,是20世纪90年代逐步发展起来的当代特殊教育思想。当代融合教育思想与20世纪中叶和七八十年代逐步开展的"正常化""回归主流""无歧视评估""反标签化"等运动一脉相承,不同的是融合教育不仅强调有发展障碍的儿童要单向地离开隔离的教育环境,尽可能在普通的班级、学校、社区环境参加学习和活动,融入正常儿童的学习和生活环境,而且还认为普通学校要通过深度的教育改革,重新审视教育目标,形成人文素质和科学精神融为一体的教育环境,主动地接纳各种类型的特殊儿童,并在双向的相互理解、相互帮助、相互学习中达到普通儿童与特殊儿童的共同发展。融合教育思想更为成熟,更能体现人本主义精神和教育公平原则,旨在促进所有儿童的共同发展。

在特殊教育学领域,融合教育也有不同的主张和派别,主要有完全融合学派、多元融合学派和逆向融合学派。

主张完全融合的学派是融合教育中的激进派,主张所有的特殊儿童都应该到普通学校中接受主流文化的融合教育。完全融合学派的观点是建立在社会学残疾观基础之上的一种看法,认为残疾人的残疾根本不是源于病理学意义上的生理障碍,而是源于隐性歧视的社会排斥。融合教育未能达到目的,是由于社会没能真正提供适合特殊儿童的学习方式和手段来保障他们的学习效果。完全融合学派强调为在普通学校就读的残疾儿童提供渗透教育民主思想的教师、通用学习设计和个别化的教学辅导。

多元融合学派认为应该根据儿童的身心情况、残疾与障碍程度来确定教育安置形式,为不同程度的残疾与发展障碍儿童提供合适的教育。对于轻度残疾儿童,应该遵循最小限制环境原则,安排在普通的教育环境中接受教育,以便他们从小就能适应主流文化和主流社会。对于中重度残疾和严重病弱儿童,应实事求是地给他们安排更适合康复训练和保教就医但是有一定限制的教育与训练环境。目前,特殊教育界大多数特殊教育工作者都倾向于多元融合、多元教育安置的思想。

逆向融合学派则认为儿童的责任心、同情心、成就感与助人为乐的精神等都是在差异度较大的环境中形成的,特殊儿童自立自强、坚忍不拔的精神和独特的学习能力可能对普通儿童是无声的教育、启迪,逆向融合学派主张定期组织一部分正常儿童到特殊学校或特殊班与特殊儿童一起接受教育,通过普通儿童与特殊儿童相互学习、相互帮助,培养儿童健全的素质与人格。

九、《萨拉曼卡宣言》

《萨拉曼卡宣言》是 1994 年 6 月 10 日在西班牙萨拉曼卡召开的"世界特殊教育大会"上通过的发展现代特殊教育的宣言。这份特殊教育史上划时代的文件从五个方面阐述了当代特殊教育发展的原则、政策和实践纲领。宣言的主要精神是:强调每一个儿童都有受教育的权利,各国政府应当重视特殊教育,制定法律、法规和规划,保证经费投入,建立示范性项目,确保师资培训,动员儿童家长、相关组织和全社会支持特殊教育的发展;主张特殊教育的体系设计和教育、教学方案要充分考虑到每一个儿童的教育需要和个体差异;呼吁加强国际合作,有效支持融合教育的规划和实施。

《萨拉曼卡宣言》由代表88个国家和25个国际组织的参会代表通过,中国派出的代表也出席了这次大会。《萨拉曼卡宣言》在推动世界各国特殊教育的发展方面发挥了很大作用。

十、《哈尔滨宣言》

《哈尔滨宣言》是指1993年2月联合国教科文组织在中国哈尔滨市召开的亚太地区特殊教育研讨会通过的一份文件。这次会议的全称是"联合国教科文组织亚太地区有特殊教育需要儿童、青少年教育政策、规划和组织研讨会",130名与会代表分别来自中国、日本、韩国、越南、新西兰等12个亚太地区的国家。联合国教科文组织、世界银行、国际视障研究会、英国拯救儿童基金会等派出了观察员参加会议。会议期间,与会代表听取了亚太地区特殊教育发展趋势的专题报告和12个参会国特殊教育发展情况报告,就世界特殊教育未来发展的主要问题进行了研讨,并一致通过了《哈尔滨宣言》。该宣言对通过多种途径满足不同儿童的教育与学习需要、实施全民教育目标、形成融合教育的理念、强化网络教育、增强地区性合作和国际合作等问题提出了意向性意见。

第二节　特殊儿童的身心发展

特殊儿童中的残疾儿童,一般都有不同程度的身心发展障碍,特殊教育学用来表述残疾儿童身心发展障碍的关键术语,大多来自儿科学和教育神经科学。

一、高危儿童

高危儿童是指在围产期就存在某种影响生长发育或生存的风险的儿童。这些风险多来源于以下几个方面:一是胎儿宫内生长迟缓,如体重小于2500克的足月儿;二是胎儿宫内窘迫,如胎儿宫内缺氧;三是新生儿窒息,如胎儿娩出后只有心跳而无呼吸的缺氧现象;四是新生儿溶血症,伴随黄疸、贫血、水肿、肝大、脾大等症状;五是分娩过程中的新生儿产伤,如各种难产造成的新生儿骨折、脑出血等。胎龄不满37周(少于260天)的早产儿童,生命力较弱,难以抵抗病菌的袭击,多为需要特殊护理和密切关注的高危儿童。

由于高危儿童更可能成为日后的特教对象,所以,在一些发达国家和地区的产科医院或新生儿中心,多采用高危儿童登记的方法作为特殊婴幼儿早期鉴别和诊断的有效手段。

二、先天性缺陷

先天性缺陷是指与生俱来的发展缺陷,有遗传和非遗传之分。遗传性缺陷是由父母遗传基因所致,出生时就有形态异常或潜在的功能异常,在儿童成长过程中显现;非遗传性缺陷不是父母遗传基因造成,而是胎儿在发育过程中,受孕期母体生病、用药不当、营养不良等环境中不良因素影响所导致的胎儿发育障碍,或分娩过程中产科损伤、缺氧等因素所致缺陷。先天性缺陷儿童是特殊教育的对象。加强婚前检查,避免近亲结婚,防止遗传病的蔓延,注意孕期保健,加强围产期的护理,保证胎儿在分娩过程中不受到伤害,是减少儿童先天性缺陷的有效方法。

三、后天性缺陷

后天性缺陷是指出生后获得的缺陷,多由如下几方面原因所致。一是营养不良,如全世界每年至少有 200 万人是因维生素 A 缺乏而致盲;二是各种致残疾病,如小儿麻痹后遗症致残;三是各种致残的毒性物质、放射性物质;四是环境压力等精神因素;五是交通事故、自然灾害等意外伤害。后天性缺陷儿童也是特殊教育的对象。人们有必要采取有效方法来防治和控制后天性缺陷。

四、关键期

关键期是指个体行为发展的快速和重要的时期。关键期的概念最早由奥地利科学家洛伦兹(K. Z. Lorenz)提出,他发现动物幼仔在出生后会产生"母亲印刻"现象,他把这种印刻现象称为认母关键期。后来,心理学家就借用关键期的概念来说明儿童早期发展的快速和重要的时期。例如,有的学者认为 2—3 岁是儿童学习语言的关键期,4—5 岁是学习书面语言的关键期。特殊教育特别强调儿童发展的关键期,主张充分利用关键期的内在优势进行有效的早期干预。例如,关键期内聋儿早期的语言训练、自闭症儿童的早期干预都能取得较好的结果,但如果错过发展的关键期,则往往会事倍功半,收效甚微。当然,由于特殊儿童的个体差异很大,不同行为发展的关键期也会有一定的差异,在进行早期干预和教育的过程中必须从实际出发,进行个别评估与鉴定,充分考虑到个体之间的发展差异,不可生搬硬套。

五、人工耳蜗

人工耳蜗,也称电子耳蜗,是一种代替正常耳蜗转换功能的人工装置。人工耳蜗由二部分构成,其工作原理是将声音转变成电信号,经过适当处理,将信号直接刺激患者残存的听神经纤维,诱发音感,使感音神经性耳聋的患者有了康复的希望。

六、染色体畸变

染色体畸变是指由于遗传物质的缺失、重复或重排而造成的染色体数目和结构的异常。人类正常体细胞的染色体是46条,多于或少于46条都属于染色体数目异常;染色体的断裂和变位则可能直接形成染色体结构异常。染色体畸变会导致严重的遗传效应,引起先天性残疾,如先天性愚、身体及精神发育缓慢等,是特殊教育特别关注的问题。

七、医教结合

医教结合是指教育学与医学结合、共同致力于儿童发展的一种理念。在特殊教育领域,医教结合倡导根据儿童的身心特点,尤其是发展障碍儿童的教育与康复需要,提供针对性的综合服务。21世纪初,上海等地提出医教结合的理念,并将其作为特殊教育改革的方向,强调在特殊教育的实施过程中进行多学科合作,提高特殊教育的质量。2014年,国家发布的《特殊教育提升计划(2014—2016)》中明确提出建立布局合理、学段衔接、普职融通、医教结合的特殊教育体系。2015年,在全国14个特殊教育改革实验区进行了有关医教结合项目的实验。

第三节 特殊儿童的教育与教学

一、特殊教育学校义务教育课程标准

在现代学校教育中,课程是实现教育目的的重要途径,是组织教育教学活动最主要的依据,是集中体现和反映教育思想和教育观念的载体。课程标准是国家用于指导课程教育的纲领性文件,它阐明

了课程的基本理念、课程目标、教学内容、实施建议,对学生在不同阶段的课程学习提出了基本要求。课程标准不仅反映了国家对全体学生学习结果的期望,也是国家管理和评价课程质量、编写教材以及考试命题的依据。因此,课程标准的研制与颁布一直是教育改革十分重要的组成部分。随着现代学校教育的发展与班级授课制度的推广,课程标准不仅关注学生的"学习进程",也关注教师的"教学进程",对学科教与学的目的、意义、过程和评价做出了更为明确的规定。

2001年,我国启动了新世纪基础教育课程改革。2003年,教育部启动了三类特殊学校课程标准的研制工作,委托江苏省教育厅、北京师范大学、北京联合大学分别承担聋校、盲校和培智学校课程标准草案的编写工作。2007年,教育部正式颁布了盲校、聋校和培智学校的义务教育课程设置实验方案。2010年,三类课程标准的初稿编制完成,并向全国广泛征求意见。2011年,普通学校义务教育课程标准颁布后,三个课程标准编写组以普通学校课程标准为参照,又进行了相应的调整与修改。

聋校编制了语文、数学、历史、地理、物理、化学、生物、体育与健康、美术、品德、沟通交往、律动等12门课程。盲校编制了语文、数学、英语、历史、地理、物理、化学、生物、体育、音乐、美工、思想品德、品德与社会、品德与生活、社会适应、定向行走、信息技术、综合康复综合实践等19门课程。培智学校编制了生活语文、生活数学、运动与保健、唱游与律动、绘画与手工、劳动技能、生活适应、艺术与休闲、信息技术、康复训练等10门课程。

课程标准通常分前言、课程目标、课程内容、实施建议四个部分。前言部分阐述课程性质、课程基本理念、课程设计思路;课程目标部分阐述课题的总体目标与学段目标;课程内容部分阐述不同学段的课程内容;实施建议部分提出课程标准的教学建议、评价建议、教材编写建议、课程资源开发与利用建议等。

二、个别化教育计划

个别化教育计划(Individualized Educational Plan,IEP)是美国1975年提出的由学校和家长共同根据每一个有特殊教育需要的学生的身心情况专门制定的书面教育计划。美国《所有残疾儿童教育法》规定,在特殊教育的实施过程中,要由地方教育部门的代表、教师、学生家长(监护人)、医生、心理学家、社会工作者等相关人员共同组织评估和鉴定,根据学生的实际情况制订专门的个别化教育计划,作为教育与训练学生的依据。个别化教育计划主要包括以下几方面内容:一是该生的教育现状和身心发展水平;二是该生预期达到的短期阶段性教育目标和年终目标;三是说明为该生提供的专门服务设施、参与普通教育的程度;四是实施计划的预定日期和期限;五是衡量计划的标准和评估方法。目前,个别化教育计划的思想和做法已被大多数国家特殊教育界人士认可和采用,成为现代特殊教育的重要内容。

三、手语

手语是手势语和手指语两种符号语言的合称,是适合聋人的语言。手势语,也称自然手语、"哑语",是借助不同的手势和体态来表达语义、进行沟通的语言。聋人之间比较喜欢使用手势语这一特殊的交流方式。有关国际化手语的相关研究表明,人类有一些全球通行的手势语来表达同样的意思。例如,一手心向外,连续左右挥动数下,表示"再见";一手食指轻搭在嘴唇上,表示"别讲话,保持安静";双手手掌伸直,于胸前交叉,并静止不动,这一运动场上常用的手势,就是表示"禁止"。由中国聋人协会编辑的《中国手语》是中国手语规范化的成果,共收集了3000多条词条;1994年,又出版了《中国手语

(续集)》,并增加了英文索引。《中国手语》基本上满足了聋人生活、学习和交往的需要。美国手语是美国心理学家、语言学家和特殊教育工作者专为北美聋人设计的有自己的句法、词法、语法的视觉性语言系统,而不是简单英语口语的不完整的变式。

手指语又称"指语"或"指拼法",是通过手指的指式变化来表示字母和词语的发音,表达与有声语言同样的语义。手指语的指式数量不多,易学易记,但拼写速度比口语慢,且缺乏形象性和感情色彩。在一些拼音文字的国家,多依靠本国的拼音文字来制定字母的指式,而非拼音文字的国家则依靠拼音字母与拼音方案来制定字词的指式。

四、盲文

盲文是专门为盲人设计的、靠触摸感知和阅读的文字。从演变过程来看,现代盲文经历了凸出盲文、线条盲文和点字盲文三种不同的发展阶段。凸出盲文的特点是将要辨认的字母雕刻在木板上或将剪成字母的绒布粘在纸板上供盲人触摸;线条盲文是以凸出的直线、弧线和圆形线来模拟拉丁字母的某一部分,表示字母;点字盲文则是现代国际上普遍使用的盲文,由法国人路易·布莱尔(Louis Braille)创造。点字盲文是用6个大小相同的凸点按直3横2排列组成的长方形为基本结构组合而成的点字。点字盲文的点位排列,左边一行自上而下依次为1、2、3,右边一行自上而下依次为4、5、6。这些点位可变化成63个不同的图形符号来表示民族语言的字母。点字盲文还可以表示数理化符号和音乐符号。

19世纪初期,点字盲文传入我国,曾形成康熙盲文、福州盲文、心目克明等多种点字体系。康熙盲文,又称"瞽手通文"与"数字盲字符号",是中国最早的汉语盲文,是威廉·穆瑞根据布莱尔点字盲文的原理和《康熙字典》的音韵创建。康熙盲文用40个数字符号组成408

个音节,每个音节用 2 个数字盲符组成(如遇一位数要空一方)。康熙盲文以号码表示音节,以两个符号点位的高低来表示音调,故也被称为"数字盲字符号"。康熙盲文需要死记硬背,学习困难,只在中国华北、东北地区的盲校使用。

福州盲文也是根据点字盲文的原理,但采用了闽南话方言发音的一套汉语点字盲文;1898 年制定,有 53 个字母,7 个音调符号,每个音节由声、韵、调三个点符组成,还提出了以词为单位的简写方法。

心目克明,又称"老盲文",是 20 世纪初以南京语音为基础设计的一套汉语拼音盲文,共有 54 个字母,每个音节由声韵两个点符组成;遵照中文以字为单位的写法,音节之间空一方。1925 年,上海盲校教师为这套盲文增加了阴、阳、上、去、入 5 个声调符号和标点符号,为多数盲校使用。

新盲文是由盲人黄乃设计、1953 年起在全国推行的汉语盲文体系。新盲文体系共有 18 个声母,34 个韵母、声点和完整的标点符号。其主要的特点是以北京语音为标准音,普通话为基础,以词为语言单位,采用分词写法,字母与标点符号力求与国际一致,有 6 条新拼音规则。为节约用纸,书写时一般不使用声调符号,仅在人名、地名、生疏的词和文言成语中或在区分同音词等必要时才使用音调符号。

1995 年 5 月,国家教委、国家语委、中国残联联合发文要求在"九五"期间全面推广的汉语双拼盲文,是黄乃等人在新盲文的基础上,根据"声韵同形、声介合一、韵调合一"的原则,经过多次修改和实验而推出的汉语盲文体系。汉语双拼盲文的主要特点是将调号和音节融为一体,在两方盲符内字字标调,大大地提高了盲文读音和意义的准确性,弥补了新盲文标调占用 3 方音符的缺陷,在我国盲校教学中发挥了一定的作用,但也有待于进一步完善。

盲文需要盲人用手指尖轻触点字符号进行摸读。摸读的正确姿态是身体端坐,供摸读的书籍与放书的课桌边缘对齐,双手食指靠拢呈"八"字形斜放在点字符号上,其余各指稍弯曲,帮助辨认行次。摸读时,从左向右顺行依次移动。初学摸读从辨认字母开始,逐步认读单词和句子。盲人通过长期的艰苦训练,有望达到普通人的阅读速度。

盲文书写,是使用盲笔和写字板来制作点字符号的过程。书写的方向是由右向左,由于凸点是从上往下压出的,需要翻转来摸读。由此可见,盲文的书写与摸读是一个"反写正读"的过程。随着盲人打字机的普及,人们多采用打字的方法来代替盲文书写,解决"反写正读"过程中的双重困难。另外,新研制的盲文复印机可以通过特制的塑胶复印纸快速、大量地复制盲人点字资料和凸出的图形来供盲人摸读,为盲人的学习提供了方便。

五、触觉地图

触觉地图是专为盲人设计制作的靠触摸感知的地图。通过触摸这种用厚纸、胶片制作的凹凸分明的地图,盲人可以对地形、地貌、交通路线走向、行政区域划分有一定的认知,形成空间概念。我国已出版了供盲人使用的中国地图册。

盲人对触摸地图的学习,往往要和盲人的心理地图的形成结合起来。心理地图是人们通过各种感知、记忆在脑海里形成的认知地图。盲人可以通过对触摸地图的认知以及定向行走的训练来形成心理地图。盲人心理地图的形成不仅能帮助盲人学习地理知识,还能帮助盲人更好地熟记行走路线、沿途目标,充分地利用盲道,顺利地到达目的地,增加适应环境的能力。

六、定向行走

定向行走是盲人独立行走的重要能力,也是盲人教育与训练的重要内容之一。定向是综合多种感官信息来确定自己在环境中所处的空间位置,行走是通过两脚移动的交替动作来改变所处的位置,达到一定的指向目标。定向行走的训练能帮助盲人克服视力障碍,进行安全、有效、能达到预期目标的行走,更好地适应环境,增强盲人的生活自理能力和学习工作能力。现代盲人的定向行走大多要借助盲杖、导盲手电等辅助器械和使用导盲犬来进行训练。

盲杖是供盲人定向行走的一种辅助工具,由把手、杖杆和杖头三部分组成,杖杆一般涂为白色或红白相间。有些国家将这种白色或红白相间的手杖作为盲人的标志,以便于行人和车辆对盲人予以照顾和帮助。1990年,北京市研制的标准化盲杖分直立式和折叠式两种,杖杆两端为红色,中间为全白并涂上反光材料以增加识别性。激光手杖是装有小型激光发射器的盲人手杖,其工作原理是通过盲杖内小型激光发射器向上、中、下部位发出三束激光,来探测盲人所处的地面水平、齐腰水平和头部水平的障碍物。盲人可以通过听觉和手的振动来判断高频、中频、低频三种不同的信号,进而识别和避开定向行走中可能遇到的障碍物。

导盲手电(Mowat sensor),又称"毛沃特感受器",是由新西兰人毛沃特发明的手电筒式超声导盲电筒,分为声音示警和振动示警两种形式。当盲人使用这种超声波导盲电筒时,可以通过识别由超声波转换成的声响和振动的强弱来判断定向行走过程中可能遇到的障碍物及其距离。

七、差异教学与处方教学法

差异教学和处方教学法是实现个别化教育过程中经常使用的两种教学理念与方法。差异教学和处方教学法都认同多元智能理论,倡导根据学生的个性特征、认知特点和学习基础进行个别化教学,通过因材施教,最大限度地挖掘学生的学习潜能。其教学的基本流程是,当教师发现学生的学习问题时,可转介给心理学等相关专业人员,通过进一步的周密诊断后,开出处方,即教育、教学建议,共同商讨和制定解决问题的方案;然后,再通过改变教育、教学条件,整合教育内容,改变评估方式,以便帮助学生,并通过阶段性评估来检查和调整教育、教学方法,直到帮助学生克服困难、有所进步,提高他们的学习信心、学习兴趣和学习效果。

八、通用学习设计

通用学习设计是通用设计理念在人类学习和教育领域的拓展。通用设计的理念提倡在所有的建筑设计和产品开发中,都要尽可能地考虑到所有用户的需要,体现人文关怀,形成资源共享的优势,避免因为设计时考虑不周而造成建筑结构改变和产品资源浪费。例如,在公共设施设计中要考虑到为残疾人、老人铺设轮椅坡道、自动门、专业电梯等,为他们提供交通便利。在教育领域,通用学习设计是指力求满足多种学习者学习需要的课程设计理念。其主要特点是通过分析学习者的个体发展水平、学习能力与学习内容来最大限度地调整学习目标,整合学习资源,采用多种学习方法,给学习者提供主动学习和积极参与的机会。随着信息化和网络化的发展,通用学习设计理念不断扩展,在普通教育、远程教育和终生教育中得到广泛的运用,成为现代课程改革的主导思想。通用学习设计最能体现融合教育的理念,突显现代特殊教育中课程设计与教学的主导思想。为了促进特殊儿童更好地适应社会环境和发挥潜能,近半个世纪以来,现代特殊教育强调教育公平,强调有发展障碍的学生"回归主流",尽可能地纳入普通教育环境接受"普特融合"的教育。那么,如何安排不同身心发展水平、不同学习能力的普通学生和特殊学生的课程教学?如何在普特融合中形成共赢,吸引学生积极参与和保持学习热情?大量研究表明:采用兼顾不同类型学习需要的通用学习设计和针对个别有特殊教育需要的儿童进行的个别化教学就成为现代特殊教育中切实可行的、相辅相成的两种课程设计和教育、教学理念。教育公平、公正，最大限度地发挥受教育者的潜能等教育理念，必须落实到课程设计和日常的教育、教学活动之中。

九、双语教学

特殊教育的双语教学有两种含义：一是指在聋校同时使用手语教学和有声语言教学；二是指在少数民族地区同时实现少数民族语言和主流文化语言教学。前者涉及聋人教学语言的选择，与现代特殊教育中的口语和手语之争有密切的联系；后者是少数民族地区教育——无论是普通教育还是特殊教育——普遍存在的问题。

十、慕课

慕课即"大规模开放性在线课程"（Massive Open Online Course）英文缩写MOOC的音译。2008年，加拿大爱德华王子岛大学网络传播与创新中心与国家教育技术研究院最先提出"MOOC"这个术语并设计了在线课程。2012年，有16万人注册了斯坦福大学开设的网上课程"人工智能导论"，这一年被《纽约时报》称为"慕课之年"。慕课这种以联通主义、网络主义、终生学习理论为基础的教育、教学模式，部分地解决了教育发展不平衡的问题，体现了教育公平和资源共享的精神，符合国际化、信息化、数字化的现代教育发展趋势，正在世界范围内快速发展。

随着当代特殊教育尤其是高等特殊教育的发展，有些承担特殊教育研究和专业人才培养的学校也开始创建特殊教育的慕课平台，例如，由耶鲁大学儿童研究中心创建的"自闭症儿童研究系列讲座"就是广泛传播的网上课程，系统地介绍了该研究中心多年来对自闭症儿童的基础研究和教育干预实践的成果。

十一、修补性学习

修补性学习是现代前沿的教育与学习理念与方法之一,是在信息化、网络化的现代社会,对自我进修、自我学习的强调。这一理念强调,在日新月异的信息化社会,要想做到与时俱进,就需要不断地探索、纠错,尝试用不同的方法创造性地解决问题,而不是迷信绝对正确的答案。

早在2000年,麻省理工学院、探索博物馆等几个前沿教育机构成立了"派网络"联盟,这个"有趣性创造性联盟"(Playful and Inventive Explorations Network,PIE)借助互联网进行科学与艺术活动。后来,加入的博物馆和教育机构越来越多,就发展成为"派研究所"(PIE Institute)。这个理念的倡导者,麻省理工学院的数学家、教育家、计算机专家帕皮特(Seymour Papert)指出,孩子是通过做可以看得见的手工、模型来构建知识、理解世界的,老师的责任是为他们提供创新性探索的条件,而不是为他们准备好现成的知识。为了鼓励孩子们动手,麻省理工学院的媒体实验室为孩子们准备了计算修补项目,让孩子把数字技术与实物材料结合起来,在"游戏"环境中探索学习、锻炼思维和发挥创造性。创办旧金山探索博物馆的物理学家弗兰克·奥本海默坚信"科学与艺术的地位平等,且密切相连"。他亲自创办的关于"科学、艺术和人类感知"的互动式博物馆,一直处于全球科学教育领域的前沿。比如,用光画画(Light Painting)、用光表演(Light Play)、音乐座椅(Musical Bench)曾引起儿童极大的学习兴趣。修补性学习认同"做中学"的原理,认为如能让学习者通过各种活动来发现科学的有趣和美丽,领略宇宙的不可思议和团队合作的快乐,感受到分享灵感和思维碰撞的快感,体会到亲手解决问题的成就感,那他就可能对科学产生兴趣。如果这种兴趣爱好和持之以恒的精神能保持一生,学习者就可能成为杰出的人才。

第四节　特殊教育常用的测验与量表

一、文化公平测验

文化公平测验(Culture-fair Test)是指尽量排除文化和语言因素的影响,不偏向任何特定文化阶层的公平性测验。测试项目采用不同文化群体所共同认可的成分,避免不同文化价值判断和文化传统的影响。正因为这样,文化公平测验多采用非语言的形式呈现,侧重于测量认知能力和操作能力。

二、文兰社会成熟量表

文兰社会成熟量表(Vineland Social Maturity Scales,VSMS)是美国文兰训练学校校长杜尔(E. A. Doll)1935年编制、经过多次修订而形成的用于测验小学1年级学生至成年人的社会适应行为的量表。量表采用主试与第三者面谈的方式进行,通过社会年龄、实际年龄和社会适应函数的方式表示测验结果。117项行为测验题涉及基本自理、进食自理、穿衣自理、运动行走、作业能力、语言交流、自我指导和社会化等8个方面。

三、AAMD适应行为量表

适应行为(Adaptive behavior)是指个体有意识地随着外界环境的变化做出相应改变的行为。AAMD适应行为量表由尼赫拉于1969年编制,1974年修订。该量表是用来测验3—69岁的智力障碍、情绪障碍和发育障碍者适应性行为水平的工具。量表分为两个部分,第一部分主要测验包含独立生活等10项内容的基本生存能力和习惯,第二部分主要测验反社会行为等14项内容的个体行为障碍程度。

四、韦氏智力量表

韦氏智力量表(Wechsler Intelligence Test)是美国心理学家 D. 韦克斯勒编制的一组智力测量量表,包括韦氏学前或幼儿智力量表(4—6岁)、韦氏儿童智力量表(6—16岁)和韦氏成人智力量表(16岁以上)。韦克斯勒把智力界定为"个人行动有目的、思维合理、应对环境有效的聚集性的全面才能"。以此为依据,韦克斯勒从言语能力、操作能力两个范畴来测量各种智能。考虑到智力发展的特点,韦氏智力量表用离差智商代替了比内量表中的比率智商,更有助于表明个体在团体中的智力水平。该量表通过个别施测,能提供言语智商、操作智商和总智商的测试。

五、斯坦福—比内智力量表

斯坦福—比内智力量表(Stanford-Binet Intelligence Scale)是美国斯坦福大学心理学家推孟对比内—西蒙量表进行修订后于1916年发表的智力测验量表。该量表共有90个测验题,保留了原比内量表中的51个测验题,增加了39个测验题。推孟采用智力比率商数作为智力发展水平的指标,适用人群范围是3—14岁的儿童、青少年。另外,该量表还设有普通成人组量表和优秀成年组量表以用于对成年人的智力测量。

六、瑞文推理测验

瑞文推理测验(Raven's Progressive Matrices)是由英国心理学家瑞文(J. C. Raven)编制的一种非文字智力测验。测验的原理是认定智力的一般因素是由再生能力和推理能力组成的。测验内容全部是由系列的渐进性图形组成,避免了语言与听力的影响,所以也比较适用于聋人的团体智力测验。整套测验分三种难度:一是适合幼儿和低智力水平者的彩色图形推理测验;二是适合5岁半以上智力发展正常者的标准推理测验;三是适合高智力水平者的推理测验。1968年,北京师范大学张厚粲教授带领17个合作单位对标准瑞文测验进行了修订,建立了中国常模。

七、希—内学习能力测验

希—内学习能力测验(Hiskey-Nebraska Test of Learning Aptitude, H-NTLA)是美国内布拉斯加大学心理学家希斯基(M. S. Hiskey)为3—16岁的聋及重听儿童设计的标准化学习能力测量量表。该测验由穿珠、记颜色、辨认图形、看图联想、折纸、视觉注意广度、堆积木、完成绘画、记数字、迷津组块、图片类比、空间推理等12个分测验组成。考虑到聋童的特点,采用手势语施测,测试时间没有严格的限制。希—内学习能力测验的聋童常模是1941年根据美国10个州1000多名3—17岁的耳聋儿童得出的,根据不同年龄制订量表标准。1957年,又发表了健听儿童的测验常模。

八、明尼苏达多项人格调查表

明尼苏达多项人格调查表(Minnesota Multiphasic Personality Inventory, MMPI)是由美国明尼苏达大学哈撒韦(S. R. Halthaway)和麦金利(J. C. Mickinley)于1943年采取经验法和自我报告形式编制的一种人格测量工具。1989年修订的第二版量表由567个自我报告的题目组成,内容涉及身心状况及对家庭、婚姻、宗教、政治、法律、社会的态度。该表分为14个分量表,即10个临床量表(疑病、抑郁、歇斯底里、妄想狂、轻躁狂、社会内向等)和4个效度量表(疑问、撒谎、效度、校正),适合于年满16岁、有小学以上文化水平者的人格测试。测查时,要求被试根据自己的实际情况,对每一个项目做出"是""否""不肯定"的选择性回答。主试根据回答计算出14个量表的得分,最后形成个人测验的解剖面图。1979年,我国组织专家对该量表进行修订,建立了中国常模。

九、自闭症儿童评定量表

自闭症儿童评定量表(Childhood Autism Rating Scale, CARA)是美国心理学家修普勒(E. Schopler)、赖克勒(R. J. Reicheler)和伦纳(B. R. Renner)于1988年编制的用于鉴别、诊断2岁以上自闭症儿童的量表。量表采用四级评分,从人际关系、适应能力、感知觉反应、情绪行为反应等15个维度来考察自闭症儿童的行为表现,得分范围在15—60分之间。总分低于30分的,评定为非自闭症儿童;总分在30—36之间,且低于3分的项目不到5项的,评为轻度—中度自闭症;总分高于36分,且至少5项高于3分,评为重度自闭症。

十、克氏自闭症行为量表

克氏自闭症行为量表(Clancy Autism Behavior Scale, CABS)是美国学者克兰西(Clancy)于1969年编制的对2—15岁儿童进行自闭症筛查的工具。该量表分为14项,由儿童家长填答,施测时间为10分钟。量表根据家长回答的选项,即"从不"(0分)、"偶然"(1分)、"经常"(2分)三种不同的反应强度来计0—2分。目前,国内以总分14分以上、"从不"3项以下、"经常"6项以上合并作为自闭症的依据。对于智力正常的儿童,总分10分以上即可能为自闭症,必须做进一步的鉴别。

第五节 特殊教育师资与专业人才培养

一、特殊教育师资教育与培训

特殊教育师资教育与培训分职前和职后两大类。各国经济与特殊教育发展水平不同,特殊教育教师资格的学历要求与专业水平也有所不同,但职前与职后教育与培训的目标、内容和方法有许多相同之处。就职前教育与培训而言,主要是学历教育,即完成从事特殊教育工作所必需的课程学习,获得从事教育教学的能力,不同的特殊教师资格证书制度对此都有明确的规定。例如,为了推行融合教育,欧美一些特殊教育比较发达的国家对职前培训的要求多是获得普通学校教师任职资格后,再学习1—2年特殊教育的课程(包括实习),才能从事特殊教育工作。在我国特殊教育师资的职前教育由开设特殊教育专业的大学,尤其是设立特殊教育系的师范学院担任,可通过全日制高等教育和远程大学的方式进行。特殊教育职后培训多采用短期学习班和专题讲座的形式进行,主要是围绕某一主题,解决某一方面的特教问题,如特殊教育实验室建设的专题培训或自闭症儿童教育的专题培训等。

二、特殊教育专业设置

鉴于特殊教育作为交叉学科与新兴学科的性质与社会对特殊教育专业人才的需要,高等院校的特殊教育专业有多种设置模式与方案,如教育学模式、心理学模式、医学模式和社会学模式。我国目前主要是师范学院的四年本科教育学模式,除公共课程外,设专业基础课、专业课、选修课,通过专业实习和毕业论文答辩获得学士学位。培养目标主要是为特殊教育学校输送能从事视障、听障、智障、自闭症等残疾儿童教育教学任务的教师。

为了满足特殊教育发展对融合教育、医教结合、教康结合、家校结合、职业教育等专业人才的需要,2013年,除特殊教育专业外,还在一级学科教育学下并行设立教育康复学专业,有近10所高等师范院校、职业教育学院和医学院开设与特殊教育相关的职业特殊教育、教育康复和社会工作等专业。此外,随着特殊教育的发展和整体水平的提高,有些高等院校也开始进行硕士和博士层次的高等特殊教育专业人才的培养。在研究生培养方面,更多地吸收本科非特殊教育专业的交叉学科的学员来从事特殊教育的教育、教学与科研工作,将有益于促进普特融合、医教结合、教康结合、普职结合,提高学科的整体水平。

三、言语治疗师

言语治疗师是指从事言语障碍矫正的专业人员。由于言语治疗工作对象的年龄跨度很大(从幼儿到老人),言语障碍的性质与程度各异(既可能是单纯的言语障碍,也可能是伴随有视听、智力和运动障碍的复合型言语障碍),许多国家对言语治疗师的学历与临床经验都有较高的要求,需要他们具备医学(尤其是耳鼻喉科学、脑科学)、语言学、心理学、特殊教育学等相关学科的专业知识和针对不同人群、不同性质的言语障碍(如构音障碍、失语症、口吃、嗓音损伤等)进行检查、诊断、矫治和康复的经验。例如,经过人工耳蜗手术治疗后的聋童,一般都要经过一定时间的言语治疗和训练才能正确地发挥语言功能。

言语治疗师一般是在医疗、康复和特殊教育等部门设立的言语治疗室工作。在言语治疗室不仅备有必要的检测和治疗的仪器设备,还能保持安静的治疗环境。

四、特殊教育巡回教师

特殊教育巡回教师是指以巡回教学的方式,对一个地区学校、家庭、医院和社区中的特殊儿童进行定期或专项辅导的教师。他们的主要任务是为有特殊教育需要的儿童、儿童家长或特教工作者提供指导,帮助他们解决在特殊教育实施过程中遇到的问题。

五、特殊教育辅导教师

特殊教育辅导教师又称资源教师,是指从事特殊儿童辅导工作的专职教师。其工作任务主要是与普通班级的教师和儿童家长合作,对特殊儿童进行评估、鉴定,指导个别化的教育计划,提供特殊教育的资源和进行个别辅导。在我国,主要是指在普通学校负责对随班就读的特殊儿童进行教育、教学辅导的专业教师。

六、特殊教育教师专业标准

为促进特殊教育教师的专业发展,建设高素质的特殊教育教师队伍,教育部2015年制定并公布了《特殊教育教师专业标准(试行)》。教育部明确指出,这一专业标准是国家对合格的特殊教育教师的基本专业要求,是特殊教育教师实施教育教学行为的基本规范,是引领特殊教育教师专业发展的基本准则,是特殊教育教师培养、准入、培训、考核等工作的重要依据。该标准界定了特殊教育教师的概念,即在特殊教育学校、普通中小学、幼儿园及其他机构中专门对残疾学生履行教育教学职责的专业人员。该标准阐述了特殊教育教师专业标准的基本理念、基本内容和实施意见。理念部分明确提出了师德为先、学生为本、能力为重、终生学习四个基本理念。此外,该标准从三个维度(专业理念和师德、专业知识、专业能力)和十四个领域(职业理解和认识、对学生的态度和行为、教育教学的态度与行为、个人的修养与行为、学生发展知识、学科知识、教育教学知识、通识性知识、环境创设与利用、教育教学设计、组织与实施、激励与评价、沟通与合作、反思与发展)对特殊教育的专业标准提出了具体的要求。

七、资源教室

资源教室又称辅导教室,是在普通学校或特殊学校设立的一种用于特殊教育的专用教室。资源教室的设施、布置、功能、使用时间,都由辅导教师配合任课教师、学生家长,根据学生的障碍类别和教学内容进行动态调整。

第六节 特殊教育管理

一、特殊教育管理

各个国家的特殊教育管理受各自社会制度和经济、文化发展水平的制约,有不同的特点,但都在朝着教育管理的科学化、民主化和现代化的方向发展。我国特殊教育的管理包括行政管理和业务管理两大部分。按照国务院1989年批转的《关于发展特殊教育的若干意见》中的规定,应将特殊儿童少年的教育管理切实纳入普通义务教育的工作轨道,各级教育部门要把残疾儿童教育同当地实施的义务教育工作统一规划、统一领导、统一部署、统一检查;在各级人民政府的统一领导下,以教育部门为主,民政、卫生、劳动、计划、财政和残疾人联合会等部门和组织,紧密配合,各司其职,共同做好特殊教育工作。教育行政部门负责贯彻执行国家关于特殊教育的方针政策,制定教学计划、教育大纲和有关规章制度,会同规划等部门,做好特殊教育规划,对特殊教育工作进行宏观指导和具体管理,负责特殊教育的资助培训和组织特教教材的编审。各级行政部门有专门的组织(特殊教育处)或专职人员(特教干部)进行特殊教育行政管理的各项工作。特殊教育学校的业务管理一般由上级教育行政部门任命的特殊教育资源与指导中心主任和特殊教育学校校长负责。

二、教育部特殊教育办公室

教育部特殊教育办公室是教育部内设的一个机构,1994年4月14日由原国家教委办公厅发文设立,办公地点在基础教育司,承担特殊教育管理的日常事务。2012年10月29日,教育部办公厅再次发文确认其主要职责是:拟定特殊教育的宏观政策和事业发展规划;组织制定特殊教育课程方案和课程标准;组织审定义务教育阶段特殊教育教材;指导特殊教育的教学工作;统筹协调部内相关特殊教育管理工作。

三、教育部特殊教育处

教育部特殊教育处是教育部主管特殊儿童学前教育和义务教育的职能部门。其前身是1953年成立的教育部盲聋哑教育处;此后几度变化,1959年机构调整,处改为科,属小学司领导;后又与民族教育、学前教育管理机构合并为综合处;1980年重新设立,称为特殊教育处,属初等教育司、基础教育司直接领导;1985年,国家教委成立后,其名称相应变化。其职责主要是掌握国家关于特殊教育的工作方针、政策;制定特殊儿童学前教育与义务教育阶段的发展规划和有关规章,并组织实施和检查;制定各类特殊学校的教学计划、教学大纲,组织编写和审定教材;对特殊儿童学前教育和义务教育工作进行督导。[①]

四、特殊教育督导检查

特殊教育督导检查是国家立法部门或行政部门对特殊教育的专项指导和检查。1989年,国务院转发的《关于发展特殊教育的若干意见》中明确指出,各级教育部门应把特殊儿童教育同当地实施义务教育工作统一规划、统一领导、统一部署、统一检查,要将残疾儿童教育发展规划执行情况作为检查、验收普及初等教育内容之一。1990年国家教委等部委对6个省的特殊教育情况进行了检查。1991年全国人大常委会对30个省实施《义务教育法》检查时,将特殊教育作为专

---

① 朴永馨.特殊教育辞典[M].2版.北京:华夏出版社,2014:85.

题督导的内容之一。1993年,国务院残疾人工作协调委员会委托国家教委、中国残联派出督导组到一些省对特殊教育进行督导检查。2017年新修订的《残疾人教育条例》第十一条指出,县级以上人民政府负责教育督导的机构应当将残疾人教育实施情况纳入督导范围,并可以就残疾人教育法律法规执行情况、残疾人教学质量以及经费管理和使用情况等实施专项督导。

五、教育部国家基础教育课程教材特殊教育委员会

为了加强对特殊教育的专业指导,教育部在《关于在国家基础教育课程教材专家工作委员会增设特殊教育委员会的通知》中要求成立教育部国家基础教育课程教材特殊教育委员会,并规定了特殊教育委员会的主要职责:一是组织研究制定特殊教育国家课程方案和各学科课程标准,组织审议并提出审议意见;二是组织审核特殊教育教材编写人员资格并提出审核意见,组织审核教材,协调处理教材审查中的重大问题;三是组织开展对特殊教育课程教材重大问题的检测评价;四是对地方和各地特殊教育学校课程改革工作进行专业指导和服务;五是接受教育部和国家基础教育课程教材工作领导小组交办的专题研究任务。

六、特殊教育资源与指导中心

特殊教育资源中心或特殊教育资源与指导中心是受政府教育行政部门的委托,在一定区域内为特殊教育的发展提供指导、教育资源和支持服务的机构。为了加强对残疾儿童、少年义务教育的指导,推动融合教育,提高随班就读的教育、教学质量,2017年新修订的《残疾人教育条例》第二十六条对特殊教育资源中心的设置和工作任务做出明确的规定:"县级以上地方人民政府教育行政部门应当统筹安排支持特殊学校建立特殊教育资源中心,在一定区域内提供特殊教育指导和支持服务。特殊教育资源中心可以受教育行政部门的委托承担以下工作:(一)指导、评价区域内的随班就读工作;(二)为区域内承担随班就读教育教学任务的教师提供培训;(三)派出教师和相关专业服务人员支持随班就读,为接受送教上门和远程教育的残疾儿童、少年提供辅导和支持;(四)为残疾学生父母或者其他监护人提供咨询;(五)其他特殊教育相关工作。"

目前,我国区域性的特殊教育资源中心或特殊教育资源与指导中心,主要有两种设置情况,一是在当地教育行政部门同级独立设置,如浙江省特殊教育指导中心、上海长宁区特殊教育指导中心;二是附设在特殊教育学校的特殊教育资源与指导中心。

第五章　特殊教育学学科代表人物

学科代表人物是在学科的发展过程中产生重大影响的学科领军人物。本章按照特殊教育的传统分类,从听障教育、视障教育、智障教育、工读教育等不同的特教领域介绍特殊教育学学科代表人物的思想和实践。

第一节　听障教育代表人物

听觉障碍的研究是特殊教育学领域最早兴起的研究,听觉障碍教育的历史,总是与沟通方式和教学方法两个最主要的问题相联系。特殊教育中聋人教育的代表人物,也都会不同程度地涉及聋人沟通方式的研究。

一、波内特

波内特(Juan Martin Pablo Bonet,1579—1629)是西班牙人,曾经当过兵,担任过卡斯蒂利亚地区总管的秘书。他的弟弟是一位聋人,波内特从教育弟弟开始了听障教育的实践。他继承了庞塞和卡瑞恩教育聋人的方法,于1620年发表了《字母表简化方案和教聋人说话的方法》,这是历史上第一篇有关残疾人教育实践艺术的论文。[①]该文发表后不久就佚失了,直到1890年才在伦敦被人发现。他的教育方法后来传到英国和法国,对17世纪英国哲学家的语言研究起到了推动作用。作为聋人教育的先驱,他的听障教育思想主要有以下三点:一是坚持以口语为主的教学理念,二是直观口语教学方法,三是重视

---

① 朴永馨.特殊教育辞典[M].2版.北京:华夏出版社,2006:223-224.

读唇的作用与训练。因教学效果显著,波内特吸引了许多人前往求教。后来英国的听觉障碍教育也直接受到他的影响,在持续近半个世纪的时间里,他的教育思想引导了英国听觉障碍教育者在聋人教育教学领域的实践。

二、阿曼

阿曼(John Conrad Amman,1669—1724),瑞士人,后移民到荷兰,从事聋人语言教育的实践。阿曼潜心于人类语言问题的研究。他认同亚里士多德的学说,承认声音是上帝的礼物,对教会聋人说话、矫正听力正常者的发音、口吃、失语症等问题都有广泛的兴趣。阿曼被认为是言语矫治专业的创始者。他出版过两种著作:《能说话的聋哑人或能帮助聋哑人学会说话的方法》《会说话的聋人》。阿曼的聋人教育思想体现在以下四方面:一是深信听觉障碍者的可教育性,强调唇读与语音教学的重要性;二是重视听觉障碍者的口语发展,相信口头语言对个体智力的发展具有重要作用;三是利用触觉和视觉进行教学,在《会说话的聋人》一书中,他清晰地阐述了如何使用镜子,通过触觉和精确模仿学习清晰发音的方法;四是重视听障儿童的早期教育。阿曼重视口语的聋人教育思想和方法不仅深刻地影响了当时德国聋人教育的发展,也对欧洲其他国家如瑞士、丹麦的聋人教育理论与实践产生了重大影响。

三、列斯贝

列斯贝(Charles Michel de L'Espée,1712—1789)是法国听觉障碍教育的先驱,有"聋人教育界鼻祖"之称。他专门学会了西班牙语,认真研究了阿曼和波内特的教育思想和方法。

1760年,他在巴黎莫林路的家中开设了由6个贫穷聋童组成的学校,这是世界上第一所聋校。到1785年,学校的总人数已经上升

第五章 特殊教育学学科代表人物

到72人。① 不同于在当时聋人教育领域占主导地位的口语教学理念，列斯贝提出了通过手语教学方法教育聋哑人的观点，他的观点和实践对法国、美国的听力障碍教育产生了巨大影响。从列斯贝建立学校开始，聋童聚集起来接受教育，使用相同的语言，拥有相似的成长历程，更是分享着同样的文化。列斯贝的聋童教育方法为法国聋童教育家西卡德（Roch-Ambroise Cucurron Sicard）所继承。他在1789年接管列斯贝创办的巴黎聋校，努力经营，强调手语教学，使法国成为18世纪世界聋人教育的中心。从这个角度来看，列斯贝对世界聋人教育的发展影响甚大。

列斯贝听觉障碍教育思想可以归纳为以下三个方面。一是主张发展手语，反对口语教学。列斯贝认为语言是人造的和约定俗成的，但抽象的观点和用耳朵听到的声音之间不存在天然的联系。他在聋儿教学中更多地运用手势语，希望他的学生不仅学会说话，还应该学会用语言进行思维。二是主张在具体教学中采用手势与文字交替进行的教学方法，手语使聋人在社会中具有了自己特殊的身份。三是重视听力障碍学生的认知发展，把全部教学重点集中到教聋人结合自己的已有观念进行有条理的思考。

列斯贝等人卓有成效的工作，使得18世纪欧洲很多聋校都采用手语法进行教学。他的教育思想和成果，特别是关于聋人的教育思想和方法吸引了大批人从世界各地赶来向他学习。其中一个代表事件就是美国人加劳德特在法国学习后，将师从于西卡德的克拉克带回美国，加劳德特向克拉克学习，两人一起合作，相互支持，建立了美国第一所正式的聋校，成为北美特殊教育发展进程中的标志性事件。

列斯贝的专业水平、敬业和奉献精神、超越国度的持久影响力，使其成为特殊教育的重要开创者之一。

---

① WINZER M A. The history of special education: from isolation to integration [M]. Washington, D.C: Gallaudet University Press, 1993: 50.

四、海尼克

海尼克(Samuel Heinicke,1727—1790)出生于德国图林根,经历丰富,曾从事过多种职业。当列斯贝手语法教学风行时,海尼克却反潮流地坚持用口语教学,并形成一套帮助聋人发音的教学方法。他被认为是德国聋人教育和纯口语教学法体系的创始人。

1768年,他在德国的艾本道夫成立了一所私人学校,1778年又在莱比锡设立了德国第一所国立聋校并获得政府资助。他的听障教育理念,一是坚持口语教育,强调应该将口语教学看成是促进聋童心理发展的唯一手段,反对口语与手势语之间的调和;二是重视读话教学。但他的口语教学法的具体方法秘而不宣,鲜有人知,因此,有人怀疑海尼克口语教学的实际效果。总的来说,海尼克极力倡导口语教学,全力推广口语教学法,他与同时代的手语体系创始人列斯贝的长期争论,形成了听障教育史上著名的"手口之争"。

五、布雷渥

布雷渥(Thomas Braidwood,1715—1806)是英国听觉障碍教育主要的代表人物。他出生于苏格兰拉纳克郡。他的教育生涯从教育富家子弟的书法开始,后来转为教育听障儿童,并将自己在爱丁堡的寓所命名为"布雷渥聋哑学校",成为英国历史上第一所听觉障碍学校。1783年,他带领全家将学校迁到伦敦东部的一个小镇。布雷渥去世后,他的女儿继续主持家族学校。布雷渥的一位男性亲属在这所学校被培养为一位聋童教师,1792年离开布雷渥的家族学校,担任英国第一所公立聋校的校长。布雷渥家族中后来又有几名成员参与听觉障碍教育,在伦敦、爱丁堡、伯明翰等城市建立了聋校,都属于私人创办的学校。他的侄子约翰·布雷渥(John Braidwood)后来受到托马斯·伯苓上校邀请去了美国,1815年在弗吉尼亚建立了一所小规模的聋校,学校存在时间很短。约翰·布雷渥之后又去纽约创办了自己的聋校,学校不久也关闭了。但这两所学校对于美国早期聋人教育的发展起到了很大的推动作用。

布雷渥开创了英国正规聋人教育的先河,主导英国聋人教育领域长达半个多世纪。布雷渥作为英国唇读教学的代表人物之一,主要的教学目标就是尽最大可能教授聋童掌握看话与讲话的能力。布雷渥聋人教育的核心理念就是通过教育,让聋人学生学会口语,并具备良好的看话能力。他的教育方法对英国和美国的聋人教育产生了深远的影响。[①]

六、加劳德特

托马斯·霍普金斯·加劳德特(Thomas Hopkins Gallaudet, 1787—1851)是美国听觉障碍教育领域的代表人物之一。他1787年12月出生在费城;1802年开始在耶鲁大学学习,六年后获得硕士学位,进入一所神学院学习,成为一名职业牧师。当他尝试对邻居一位9岁聋人女童进行教育后,走上了聋人教育的道路。

1816年8月,加劳德特从欧洲回到美国,同康斯威尔一起创办了美国第一所聋校——最初命名为康涅狄格哈德福特聋校,后来改名为美国聋校。19世纪50年代,他又同小儿子爱德华·米纳·加劳德特一道,创办了加劳德特大学,开创了美国聋人高等教育。加劳德特吸收了列斯贝的聋人教育思想,得到来自法国的克拉克的帮助,肯定聋人手语教育的地位。他在长期的实践中,形成了自己的一些特色:一是在教育内容方面强调宗教和道德教育;二是重视职业教育,适应社

---

① WARNOCK H M. Special educational needs: report of the Committee of Enquiry into the Education of Handicapped Children and Young People [R]. London, 1978: 9.

会发展的需要;三是非常重视聋人教师在聋人教育中的作用(1850年,美国聋人教育领域中 36.6% 的教师为聋人,8 年后,这个数字上升到 40.8%);四是重视聋人手语教育。加劳德特创造的聋人手语教学模式成为美国聋人手语教学的基础。在很长时期内,美国将手语教学看成是聋人教育的根本途径,手语教学法占据了美国聋人教学与沟通方法的主导地位。[①]

加劳德特一生致力于聋人教育事业,为美国乃至世界聋人教育的发展做出了重要贡献。加劳德特和克拉克在美国开创的手语教学体系影响美国聋人教育长达半个世纪之久,至今在美国仍然拥有大量的支持者,尤其得到聋人们的支持和提倡。加劳德特也成为美国历史上成功的教育改革家、特殊教育家。

七、贝尔

亚历山大·格雷厄姆·贝尔(Alexander Gramham Bell,1847—1922)既是一位以电话和留声机的发明闻名于世的发明家与科学家,也是一位杰出的聋人教育家。他出生于苏格兰的爱丁堡,后来移居加拿大和美国。1876 年他发明了电话,1885 年成立了美国电话电报公司。

贝尔的母亲因病致聋,妻子孩提时代也因猩红热致聋,这些促使他开展声音传输和聋人教育的研究。1871 年,贝尔到波士顿聋校、美国聋哑学校和北安普顿聋校等学校,用可视语言系统训练教师,取得了成功后,于 1872 年 10 月,在波士顿开办了"声音生理学和言语力学学校"。这所学校第一个班级的聋生人数就达到 30 人,其中就有后来成名的盲聋哑女作家海伦·凯勒。1890 年,贝尔担任美国聋人语言教学促进协会第一任主席。

贝尔的聋人教育思想非常复杂和矛盾。一方面,他十分同情聋

[①] 袁茵.听觉障碍儿童沟通方法评介[J].中国特殊教育,2002(1):37-41.

人,帮助他们适应社会,另一方面他也出于对聋障遗传的担心和恐惧,从优生学的角度公开反对聋人通婚。他重视聋童的早期教育,亲自倡导并使用蒙台梭利的教育方法,开办聋童幼儿园,让聋儿尽早接受教育,为他们提供早期语言训练。但在具体的教学中,他最终的目标就是让听力障碍儿童学会发音、学会说话,所以非常排斥手语。他经过不懈努力,发明了电传打字机,对聋人语言沟通能力的改善起到了促进作用。他为聋人实现语言交际所做的努力,推动了北美听觉障碍教育的发展。

第二节 视障教育代表人物

一、霍维

霍维(Valentin Haüy,1745—1822)出生于法国巴黎。他在修道院里完成了初级教育后,在巴黎从事书法和语言工作。霍维特别擅长语言,学习过希腊文和希伯来文,会说数种语言,一度从事外交翻译员工作。他从1771年看到盲童在市场上表演开始,矢志于盲人教育工作。他于1784年建立了世界第一所盲校——国立盲童学校,揭开了法国乃至世界近代视力障碍教育的新篇章。法国大革命期间,盲校在政府的保护下运作,取得较好的发展。1803年,他受俄国沙皇之邀,在圣彼得堡开办了一所盲人收容所。在去俄国的途中,他在德国柏林短暂停留,指导了一所德国的盲人学校。①

《盲人教学笔记》和《盲人教育的产生、发展和现状》是霍维讨论盲人教育的两本专著。霍维的视觉障碍教育思想,一是相信视力障碍者的潜能,认为通过良好的教育,能让视力障碍者成为自尊、自立的个体;二是重视音乐和职业教育,让所有的盲童都学习音乐和一些

---

① 张福娟.特殊教育史[M].上海:华东师范大学出版社,2000:70.

职业技能,是他最主要的教育目标;三是他研发了凸字读写系统进行教学,使全盲的人可以通过触觉感知盲文来进行阅读。霍维的教育理念及方法不仅影响了同时代的人,而且成为后来很多特殊教育者的思想来源。他的教育思想影响了整个欧洲视力障碍教育的发展方向。

二、菲舍

菲舍(John Dix Fisher,1797—1850)是美国第一所盲人教育机构的创办人。菲舍1820年毕业于布朗大学,1825年获得医学硕士学位。他毕业后赴欧洲旅行,拜访了世界上第一所盲校创办人霍维,开始关注美国的盲人教育问题。

1827年,菲舍在一次人口调查中发现马萨诸塞州大约有400名视觉障碍者,而新英格兰地区则有1500人。他强烈地意识到为这个群体提供教育的必要性。通过他的努力,马萨诸塞州议会于1829年3月批准筹建新英格兰盲人院,并拨款6000美元。

1832年秋天,菲舍主导的董事会聘请塞缪尔·格雷德利·豪(Samuel Gridley Howe)主持的学校正式开放,定名为马萨诸塞盲人院,菲舍成为学校的医生和副校长。该校建校之初,只招收全盲学生,后来逐渐扩展到有残余视力的学生。在获得当时马萨诸塞州议会的经费及帕金斯捐助的校舍后,学校更名为"帕金斯学校及马萨诸塞盲人救济院"。学校强调培养盲童的思考能力,希望把盲童培养成为独立、具有生产能力、受到良好教育的社会成员。到1872年,学校的学生已不仅来自美国,而且来自加拿大。[1] 学校培养出了海伦·凯勒等杰出视障人才。1877年后,学校改名为帕金斯盲校。

---

[1] WINZER M A. The history of special education:from isolation to integration[M]. Washington, D.C.:Gallaudet University Press,1993:107.

三、豪

塞缪尔·格雷德利·豪（Samuel Gridley Howe，1801—1876）是美国19世纪享有盛名的特殊教育家，美国最早投入视力障碍教育者之一。豪出生于美国马萨诸塞州波士顿，1821年从布朗大学毕业后入哈佛医学院学医，1824年获硕士学位。此后，他远赴希腊，参加希腊独立战争，从事医疗服务工作，历时6年。30岁时，豪接受菲舍的邀请，负责建立一所视力障碍学校的工作。豪在帕金斯学院发展了盲校教师在职培训。受到聋哑教育的鼓舞，豪还积极主张为盲人建立一个类似的高等教育机构，帮助哥伦比亚大学教师学院开设盲人教育教师培训课程。为了解决盲人阅读问题，豪开办了盲文出版社，率先为盲人印刷书籍。豪的特殊教育活动兼及盲人教育与智障教育两大领域，并且都有独特建树，他由此成为美国特殊教育的领军人物。

豪的特殊教育思想主要表现在：一是非常关注弱势群体和尊重残疾人，一生呼吁民主、人权；二是非常相信盲人的潜能，认定特殊教育与训练可以帮助盲人成为有用的人才；三是认为盲人教育应该根据盲童的认知特点，充分利用他们的听觉和触觉进行教学，为此，豪和教师们一起发明了一种凸起的教具，让盲生通过触觉感知来学习，为布莱尔盲文奠定了基础；四是反对隔离教育，提倡融合教育，极力主张建立公立日间学校教育，为障碍学生将来适应社会打好基础；五是重视特殊儿童的早期教育和家庭教育，在他的理念影响下，帕金斯盲校继宾夕法尼亚盲校之后开办了当时全世界第二所盲童幼儿园；六是强调视力障碍学生的个体差异性，认为学校应该按照学生的不同兴趣及能力进行个别化教育。

豪关注盲聋双重障碍者的教育，被认为是世界上第一个成功教育盲聋双重障碍者的特殊教育者。在他的指导下，帕金斯学校为两岁时因猩红热导致盲聋的劳拉·布雷迪曼量身定制专门的教育计划和独特的训练课程,使她能够阅读简单的盲文书籍,学会了简单的算术,掌握了针线活等手工技能,后来留在盲校担任教师。帕金斯学校毕业的学生萨利文担任海伦·凯勒的家庭教师,最终创造了特殊教育史上的一个奇迹。因此,直到今天,美国帕金斯盲校仍然是全球著名的盲聋障碍教育中心。

豪作为一个伟大的教育者,在特殊教育发展历程中做出了杰出的贡献,成为视障教育者的典范。

四、布莱尔

路易·布莱尔(Louis Braille,1809—1852)出生于法国的一个手工业者家庭,幼年时因在父亲的马鞍店里帮忙切割皮草,被锥子刺伤眼球,两只眼睛先后致盲。布莱尔和明眼儿童一起就读于本村的普通小学,凭着超人的记忆力,成绩一直名列前茅。1819年,布莱尔进入霍维在巴黎创办的国立盲校就读,开始系统地学习科学和音乐。布莱尔毕业后留校,被聘为盲校教师。他借鉴巴比埃的军用代码,设计出世界通用的便于盲人阅读和书写的六点盲文,对盲人教育的发展做出了重要贡献。

布莱尔对盲人教育影响深远。他让盲人能通过布莱尔点字阅读、书写,获取信息,发展认知,拥有了表达自己的方式。布莱尔去世后葬于其出生地。他的碑文上写着:"他为所有失明者开启了知识之门。"[1]

五、海伦·凯勒

海伦·凯勒(Helen Keller,1880—1968)是特殊教育史上的一个奇迹式人物。她的事迹激励了很多残障者。

---

[1] 万明美.视障教育[M].台北:五南图书出版有限公司,2001:17.

1880年6月27日,凯勒出生于美国一个中产阶级家庭,19个月时因患猩红热,失去了听力与视力。因为无法与人沟通,7岁之前,她没有接受过任何形式的教育,完全处于无知状态。她的父亲不想让女儿一生都处于这种状态,1888年带着她找到了贝尔,请求帮助。贝尔将他们介绍给了豪。在帕金斯盲校,豪安排了毕业于该校的学生萨利文担任海伦·凯勒的家庭教师。萨利文虽是视力障碍者,但有一些残余视力。萨利文的耐心与坚持,加上豪的指导,很快在海伦·凯勒身上见到了效果。不到三个月的时间,她就学会了400多个词语的拼写,并很快掌握了布莱尔盲文。手语之外,她还学会了将手轻轻地置于说话人的嘴唇上,以感知对方的口语。良好的沟通能力与勤奋使她后来成为哈佛大学拉德克利夫女子学院的毕业生。此外,她还学习多种语言,最终能使用英语、法语、德语等五种语言。

海伦·凯勒将自己的经历和感受通过文字作品留传下来,《我的人生故事》《冲出黑暗》《假如给我三天光明》都成为著名的励志作品。她生前曾四处演讲,鼓舞人们正确面对困难,不放弃希望,实现自己的人生理想。她用博大的胸怀宽容了给自己带来了终身残疾的生活。

第三节 智障教育和工读教育代表人物

一、蒙台梭利

玛丽亚·蒙台梭利(Maria Montessori,1870—1952)出生于意大利安科纳省的一个保守家庭。在严格家教的熏陶下,这位独生女从小培养出自律自爱的精神。

1896年,蒙台梭利以第一名的成绩从罗马大学医学院毕业,成为意大利第一位女医学博士。毕业后,她被聘请为罗马大学附属精神病诊所助理医师,利用业余时间从事智力缺陷儿童神经与心理疾病的研究。1901年,蒙台梭利中断了对智障儿童的教育和训练工作,重返罗马大学进修教育学、实验心理学、人类学、哲学等课程。1904年,她开始担任罗马大学人类学教授,三年后出版了《教育人类学》一书。

1907年1月,蒙台梭利在罗马圣洛伦佐区贫民区创办了一所新型的儿童教育机构"儿童之家",接收3—7岁的幼儿来此学习。通过大量的观察和实验研究,蒙台梭利掌握了正常儿童身心发展的规律,并创造了一套与之相适应的教育方法——为儿童准备适合其身心发展的"有准备的环境",使用教具对儿童进行感官训练。"儿童之家"教育实验取得了巨大成功。她出版了《蒙台梭利方法》(原名为《运用于"儿童之家"的幼儿教育的科学教育方法》),此书风靡一时,被译成二十多种文字,成为当时最畅销的非小说类书籍。世界各地涌现出大量蒙台梭利式的"儿童之家"。为了进一步传播自己的幼儿教育理论和方法,蒙台梭利开设国际培训班,拓展研究领域。当时赴罗马接受培训的学生来自40多个国家,人数多达四五千人,形成了"蒙台梭利运动"。[①] 1929年,由蒙台梭利本人担任主席的"国际蒙台梭利协会"在荷兰成立。此后,10多个国家相继成立了"蒙台梭利学会"。从1929年到蒙台梭利逝世,"国际蒙台梭利协会"共召开了9次大会,对蒙台梭利教育理论和方法的传播起到了很大的促进作用。晚年,蒙台梭利曾先后在西班牙的巴塞罗那和荷兰的阿姆斯特丹居住。1952年5月6日,蒙台梭利在荷兰去世。蒙台梭利一生撰写了许多重要著作,其中包括:《蒙台梭利教学法》(1909)、《高级蒙台梭利教学法》(1912)、《蒙台梭利手册》(1914)、《童年的秘密》(1936)、《儿童的发现》(1948)、《童年的教育》(1949)、《有吸引力的心理》(1949)等。

蒙台梭利的幼儿教育实践是从对特殊儿童的教育开始的。1898年,在都灵的一次教育会议上,蒙台梭利发表了题为《精神教育》的演讲。她大声疾呼:"儿童智能低下主要是教育问题,而非医学问题。

---

① 赵祥麟.外国教育家评传:第2卷[M].上海:上海教育出版社,2003:531.

教育训练比医疗更为有效。"她提出:"智能低下儿童应当与正常儿童一样,有同等的受教育的权利。"蒙台梭利曾根据伊塔德的实验和塞甘著作中的思想,设计了一整套对智力缺陷儿童进行观察和教育的特殊方法,使儿童学会了日常生活基本技能,动作协调、灵活,反应较快,语言发展正常,还学会了读、写、算的基本知识和技能。蒙台梭利真正从事特殊教育的时间只有五年(1896—1901年),但她纠正了人们对于特殊儿童错误、片面的认识,探索出一套有效的特殊儿童教育方法。

蒙台梭利的特殊教育思想和实践可以归纳为三个方面:一是肯定特殊教育的意义,呼吁智能低下儿童应当与正常儿童一样有同等的受教育的权利,希望通过教育使特殊儿童能在文明的世界里有立足之地;二是提出特殊教育的四项原则,即早期教育原则、系统观察原则、尊重个体差异原则、循序渐进原则;三是设计了感官训练法、活动作业法、生活技能训练法等一系列特殊教育的方法、内容和教具。她对特殊教育"医教结合"的预见性,与当代特殊教育学从医学模式向社会生态学模式转变的趋势不谋而合。可以说,蒙台梭利为特殊教育史留下了一笔宝贵的财富。杰出的现代儿童心理学家皮亚杰曾经对蒙台梭利改进缺陷儿童教育方法并将其普遍化的方法给予高度评价。他说:"在她无比精炼地概括了她的发现之后,蒙台梭利夫人就立即把她从研究后进儿童那里得来的东西应用于正常儿童:儿童最早的阶段更多是通过行动去学习的,而不是通过思维去学习的。为这种行动提供作为原料之用的那种合适的学校设备,比最好的书本,乃至语言本身更容易增进儿童的知识。因此,一个精神病医生的助手对于后进儿童心理机制的观察便成了一般方法的出发点,而这种方法在全世界的影响是无法计算的。"[①]

蒙台梭利继承和发展了弱智教育先驱伊塔德和塞甘的思想,是弱

---

① 赵祥麟.外国教育家评传:第2卷[M].上海:上海教育出版社,2003:549.

智教育理论和方法的奠基人之一。她为弱智儿童教育所建立的感觉运动体系符合弱智儿童的特点,至今为人们所借鉴。此外,蒙台梭利的特殊教育思想还极大地丰富了普通教育理论,形成了蒙台梭利教育法。无论对于特殊教育领域,还是对于普通教育领域,蒙台梭利的特殊教育思想都是一笔宝贵的财富。

二、马卡连柯

安东·谢苗诺维奇·马卡连柯(Антон Семёнович Макаренко,1888—1939)出生于乌克兰别洛波里镇的一个工人家庭。17岁时,马卡连柯从师资训练班毕业后,开始了从教生涯,后来进入波尔塔瓦师范专科学校进修,1917年以优异的成绩毕业并获得了金质奖章。同年9月,他被任命为克留可夫高级小学校长。十月革命胜利后,许多儿童失去父母,流浪街头,为了解决这一严峻的社会问题,政府成立了以捷尔任斯基为首的"儿童生活改善委员会",并在各地创设了工学团。1920年,马卡连柯受命创办"波尔塔瓦幼年违法者工学团",后改名为"高尔基工学团"。工作8年后,他又转到"捷尔任斯基公社"担任领导工作。1920年至1935年,马卡连柯先后教育培养了3000多名青少年。数千名有犯罪倾向或已经犯罪的青少年被培养成有较高思想觉悟、有一技之长并具有吃苦耐劳精神的劳动者。他的学生后来表现极为出色,有的成了飞行员,有的成了工程师、医生和大学教授,许多人在卫国战争中成为英雄,而更多的人则继承了马卡连柯的事业,做了工学团的教师。马卡连柯富于革新色彩的教育实践、经验及理论,成为教育问题青少年的宝贵精神财富。

1933年至1935年,马卡连柯发表了《教育诗篇》,总结了"高尔基工学团"的经验,成为苏联当时最畅销的小说,为许多教育工作者和家长所喜爱。在这本小说中,他阐述了其成功的教育思想和教育方法,总结了流浪儿童和犯罪青少年教育的规律,并在此基础上提出了道德教育和劳动教育的原则和理论。①1937年,马卡连柯又写了家庭教育专著《父母必读》。1938年,他发表了描写"捷尔任斯基公社"的长篇小说《塔上旗》,继续了《教育诗篇》中对于教育方法的研究和探索。1939年4月1日马卡连柯因突发心脏病不幸去世,五六千名学生和志愿者参加了他的葬礼。

马卡连柯挽救、改造、教育违法违纪儿童及街头流浪青少年的教育成就,成为当时社会主义教育的一个成功范例,在苏联和全世界得到很高的评价。马卡连柯的教育经验和教育思想对于情绪、行为障碍儿童和品行障碍儿童的特殊教育具有重要的价值。概括地说,马卡连柯的特殊教育思想主要包括以下几个方面。

一是坚持尊重与要求相结合的人本主义教育观。在马卡连柯看来,这些有着各种劣迹的儿童和青少年,都是普通的孩子,对他们不应歧视、厌恶,而要热情关怀,善于在他们身上发现积极因素,鼓励他们忘记过去,不断前进,成为社会财富的创造者。

二是认为对情绪、行为障碍儿童和品行障碍儿童的教育,既要考虑到社会的需要,又要考虑到儿童的年龄与个性特征。教育不是简单地传授知识和训练技能,还要培养儿童的社会责任感和正确的荣誉观。

三是把集体教育作为情绪、行为障碍儿童和品行障碍儿童教育最基础的教育形式。他认为教育者的任务在于创造一个良好的教育环境,包括物质环境和心理环境,一个团结的、奋发有为的集体本身就能成为举足轻重的教育力量。集体主义教育可以通过平行教育、前景教育、依存服从、纪律教育等不同策略来影响集体成员的人生观和价值观。

---

① 张福娟,等.特殊教育史[M].上海:华东师范大学出版社,2000:173.

四是非常重视劳动教育。他认为,教育同生产劳动相结合是培养共产主义新人的重要手段,也是教育改造品行障碍青少年和流浪儿童的重要途径。他的教育实践证明,劳动教育不仅能消除问题儿童、青少年好逸恶劳、投机取巧的恶劣品性,而且能培养其社会责任感和自豪感。

五是强调教育既是一门科学,也是一门艺术。针对情绪与行为障碍儿童进行教育,教育者除了要有良好的态度、具有科学文化知识和以身作则的行为风范,还要有机智处理教育问题的能力。

马卡连柯的教育实践和教育思想影响深远,在教育史上写下了辉煌的一页。

第四节 中国近现代特殊教育代表人物

本节介绍张謇、傅兰雅、傅步兰、陈鹤琴等中国近现代特殊教育代表人物的教育实践和思想,展示中国近现代特殊教育的发展历程。

一、张謇

张謇(1853—1926),江苏南通人,我国近代著名的实业家、教育家。张謇出生在一个农民兼小商人家庭,自幼聪慧,16岁中秀才。1894年,张謇赴京参加会试,考取状元,授翰林院修撰。因看到甲午战败后国事日非,他弃官回到南通,走上了一条实业、教育救国之路,开创了我国近代著名的"大生工业集团"。

张謇利用办实业的部分利润和向社会募捐所得,在南通创办了各种新式教育机构。1902年,张謇创办了中国第一所师范学校——通州师范学校。后来,他又陆续办起女子师范学校、小学、中学、幼稚园、大学及职业学校等。据统计,张謇先后创办了11所师范学校、超过17所职业教育及训练学校、6所女子学校、中学及国文专修科各1所,以及6所特殊教育及警政教育学校,极大地促进了南通地方教育的发展。① 此外,张謇还在南通开办图书馆、博物馆、气象台、盲哑学校、伶工学校、剧场、公园、医院、养老院等慈善公益事业。张謇是近代中国私人兴学史上当之无愧的第一人。

张謇在创办师范和中小学的过程中,就已经注意到盲哑教育。他到山东参观了传教士创办的烟台启喑学校后,开始筹划建立盲哑学校。1916年11月25日,中国人自办的第一所盲哑学校——狼山盲哑学校举行了开学典礼,张謇出任第一任校长。张謇的特殊教育思想与实践体现了中国儒家文化和清末洋务运动的结合,可以归纳为如下几个方面。

一是认识到实业、教育、慈善三者之间的相互关系,肯定特殊教育的社会意义。一方面,张謇把发展教育看作是重教兴邦的大事,兴办特殊教育更是能稳定国家、有益民众的慈善与公益事业;另一方面,他也清醒地认识到,发展教育和慈善都需要发展实业来提供资金来源,而通过教育提高劳动者的素质和能力又是发展实业和经济的必由之路。

二是非常重视盲哑教师的培养,认识到良好的师资是发展教育的重中之重。他在盲哑学校还未开办之前,就考虑到了盲哑师资的培养问题,首先创办了盲哑师范传习所,为盲哑教育培养合格的师资。张謇明确地提出,"盲哑教师苟无慈爱心与忍耐心者,皆不可任",认为盲哑教师与一般教师有所不同,除了应具备优异的专业成绩以外,更需要慈爱心、忍耐心。②

---

① 苏云峰.中国新教育的萌芽与成长(1860—1928)[M].北京:北京大学出版社,2007:73-75.

② 张謇.筹设盲哑师范传习所之意旨[M]//张謇全集:第4卷.南京:江苏古籍出版社,1994:106.

三是充分肯定了盲哑儿童教育的可能性、有效性。张謇认为盲哑儿童只是眼不能看、口不能说,但其他感官、心智是正常的,这是盲哑儿童可以接受教育的基本前提。他坚信,通过正确的教育可以弥补盲哑儿童的缺憾,他们最终能成为自食其力的有用之才。

四是为盲聋教育提供丰富的教育内容。他所创办的狼山盲哑学校设有盲部和哑部,学制均为 4 年。两个部学习共同的课程,例如国语、常识、算术等普通文化知识。另外,盲部要学习盲文、音乐、凸字打字;哑部学习说话、发音、手势珠算。为了加强体格锻炼,学校还置办体育器材,供学生上体育课使用。

五是坚持德才兼备的教育目标,告诫学生尽管有一定的身体障碍,但仍然要心系天下、关心国家、服务人民。狼山盲哑学校招生逐年增加,学生的来源也很广,学生毕业后有的从事盲哑教育,有的到报馆、书局工作,不仅能自食其力,而且能积极参加社会活动。例如,1918 年,狼山盲哑学生在公园剧场演出,颇受观众欢迎。1925 年,盲哑学校师生素食节费,积极投入声援上海工人的爱国斗争,这是我国教育史上盲哑学校学生参加政治活动的最早记录。[①]

张謇从重教兴邦、实业救国的高度来发展教育事业,创办特殊教育更是难能可贵。他不仅是一个有理想的知识分子,更是一个脚踏实地、不畏艰险的实践者,这是他的特殊教育思想和实践留给后人最大的精神财富。

二、傅兰雅

傅兰雅(John Fryer,1839—1928)出生于英格兰肯特郡海斯镇一个穷苦牧师家庭,1860 年毕业于伦敦海伯雷师范学院。他大学毕业

[①] 张兰馨.张謇教育思想研究[M].沈阳:辽宁教育出版社,1995:199.

后受聘担任香港圣保罗书院院长,于1861年到达香港就任书院院长;两年后受聘担任京师同文馆英语教习。1865年他转任上海英华学堂校长,并主编字林洋行的中文报纸《上海新报》。1868年,他出任上海江南制造局翻译馆译员。傅兰雅在江南制造局工作了28年(1868年至1896年),翻译了大量科学与工程学读本,经手翻译著作超过百种。他与中国同事合作翻译科技书籍150部,合1000卷。1874年,他参与创办中国第一所科学学校——格致书院;1875年创办了近代中国第一份科学杂志——《格致汇编》。1877年,他被推举为上海益智书会干事,从事科学普及工作。1896年,傅兰雅从上海动身回国度假,后抵达美国,被聘为加州大学东方语言文学教授,从此离开中国。他在华三十多年,不仅将西方科学引入中国,在推动中国近代特殊教育发展方面也做出了突出的贡献。

1911年傅兰雅出版了《教育瞽人理法论》一书,对盲人教育的方法进行了系统的阐述。同年,傅兰雅在筹建盲童学堂董事会的委托合同中,提出了创办盲校的原则,集中体现了他的特殊教育思想。①

一是根据盲人的特点安排教育内容,重视职业教育。傅兰雅效法欧美盲童学校的教育方法和内容,鼓励盲童参与游戏及娱乐,强调教给学生谋生之法。

二是立足中国实际,根据中国文字特点,创立布莱尔六点制中文盲字音符。各门功课遵中国教育部之课程标准,均用中国文字教授,读音使用中国官话。

三是盲童学堂是慈善事业也是宗教事业,学堂实施基督教新教教育,但并不强迫盲童信教,如学生的父母或监护人有明确的意见,可以免除学生的宗教教育和每日祈祷。

---

① 朱怡华.上海盲童学校历史调查简记[J].华东师范大学学报:教育科学版,1994(2):47-54.

四是强调凡从事盲童教育事业者,均应有献身精神,他们的薪水应与在中国执行宗教事业者略同,不得靡费。入学盲童,应每月出一定费用。对特别贫苦者,学校应免费为其置备住宿与衣物(实际上均由学校向社会劝募,为贫苦学生缴付费用,直至学生离校为止)。

五是重视盲童学校的管理、师资等制度建设,强调发展师范教育。为了使更多的中国盲童得到应有的教育,希望学堂开设师范学堂,为更多的盲人教育机构提供教师。

1911年,傅兰雅捐出13亩地和6万两白银,委托文显理为首组成董事会筹建盲童学堂。傅兰雅当时年事已高,力不从心,于是他让儿子傅步兰到美国专门学习盲童教育,办理盲童学校。傅兰雅的特殊教育思想和实践得到傅步兰的继承和发扬。

三、傅步兰

傅步兰(George B. Fryer, 1877—?)生于中国,毕业于美国康奈尔大学。1911年,他奉父亲傅兰雅之命前往美国加利福尼亚州立盲哑学校、阿弗布罗克地方盲人学校、波士顿帕金斯盲校学习和考察。1912年傅步兰抵达上海筹办盲童学校,第二年上海盲童学校正式成立,傅步兰出任校长。1931年4月傅步兰出席了在纽约召开的国际盲人会议,以非政府代表的身份,同36个国家和地区的82位代表一起交流,宣传了中国的盲人教育事业。1932年,傅步兰还在上海大夏大学开课讲授盲人教育。傅步兰于1949年9月退休,次年4月离开中国。

作为上海盲童学校的直接负责人,傅步兰在其特殊教育的学习经历及长期从事盲童教育的实践过程中,形成了比较完整的特殊教育思想,对中国特殊教育实践和理论的丰富和发展起到了重要的推动作用。傅步兰的特殊教育思想主要表现在以下几个方面。

一是重视盲童独立性的培养。傅步兰认为,不能把盲人看成是施舍的对象,盲童教育事业就是要"恢复他们生来就有的权利和自由","造就一批有自尊心的残而不废的公民"。① 因此,培养学生的独立人格和独立生活能力、劳动能力是盲人教育中最为重要的方面。

二是科学地设置盲人的学校课程。为了实现培养盲童独立性的目的,傅步兰针对盲童的身心发展状况,将学校的课程分为起居、手工、体育、文化、音乐等五个部分。除此之外,学校还尽可能通过各种方法丰富学生的生活,开拓他们的视野。学校通过一系列课程与活动来培养盲童健康的心理品质和独立性。

三是非常重视盲童的职业教育。傅步兰认为盲童如不掌握一定的社会生存能力与技术,将来很难成为独立的公民,所以,盲童学校设有工艺部,主要训练学生编制藤制家具、篮筐等。这些手工艺品样式多样,做工精细,有些还销往国外。

四是重视盲童师资素质的培养。傅步兰认为,盲童教师必须懂得盲童之心理,能体会盲童是怎样认识周围环境和社会的,为此,傅步兰开办了盲童师资培训班,向有志于盲童教育的教师讲解盲童心理学、特殊教育方法、盲字的来源与构造等课程,以培养合格的盲童师资。

五是开展学术研究和学术交流。傅步兰多次利用回国休假的时间,对英美盲人教育进行考察,并通过参加学术活动,向国外介绍中国盲童教育的情况,促进外国人士对中国近现代特殊教育的了解。

---

① 朱怡华.上海盲童学校历史调查简记[J].华东师范大学学报:教育科学版,1994(2):47-54.

四、陈鹤琴

陈鹤琴(1892—1982),浙江省上虞县人,中国现代著名的教育家、儿童心理学家。1911年考入上海圣约翰大学,1914年公费赴美留学,先后获得霍普金斯大学学士学位、哥伦比亚大学教育硕士学位,并攻读心理学博士学位课程。

1919年8月陈鹤琴回国后,先后在南京高等师范学校、东南大学担任儿童心理学教授,与陶行知等共同推行新教育。1923年他创办了我国第一所实验幼儿园——南京鼓楼幼稚园。新中国成立后,他曾担任南京大学师范学院院长、南京师范学院院长。他的主要著作有《儿童教育论纲》《儿童心理研究》《活教育的理论与实践》。他根据自己的教育实践,提出了"活教育"的理论体系,对中国现代教育尤其是各类特殊儿童的早期教育产生了深远的影响。

陈鹤琴的特殊教育思想是他在研究儿童心理和幼儿教育的过程中逐步形成的。1925年,他在《儿童心理研究》第22章"特殊儿童:耳聋与口吃"中专章介绍了国外学者对耳聋与口吃研究的历史、主要成果和聋人教育、口吃矫正的方法。1934—1935年,在出席国际幼儿教育会议和到欧洲11国进行教育考察后,他向国内教育界介绍国外特殊教育的情况。他说:"各国对身心缺陷的儿童有充分的设备供应。仅在伦敦,就有1万名这样的儿童得到学校当局的特别照顾。那里有为盲童和半盲童的学校,有为聋哑和半聋哑儿童的学校,还有为弱智和身残儿童的学校。另外,还有为弱智儿童的户外学校和犯罪学校。"[①]他的特殊教育思想与教育实践可以大致归纳为如下几方面。

一是通过介绍与宣传特殊教育、发展特殊教育来实现国民的教育

[①] 北京市教育科学研究所.陈鹤琴全集:第6卷[M].南京:江苏教育出版社,1992:261.

公平,维护残疾儿童接受教育的权利。例如,他在不同的场合曾多次强调:"教育是为全体儿童的,不分性别、智力、体格和社会地位";"全国儿童从今日起,不论贫富、不论智愚,一律享受相当教育,达到身心两方面最充分的可能发展";"全国盲哑和其他残疾儿童,能够享受到特殊教育,尽量发展他们天赋的才能,成为社会上有用的分子,同时使他们本身也享受到人类应有的幸福"。

二是通过研究特殊儿童的心理来指导特殊教育。1947年3月,他在上海创建上海特殊儿童辅导院并亲自兼任院长。按照预定的规划,这个辅导院将对盲、聋哑、伤残、智力障碍、问题儿童进行分门别类的特殊教育,为此,他聘请了相关学科的专业人士进行多学科的研究和实践。他主张教育与医学相结合,对有身心障碍的儿童及早诊治和训练。他深信,通过有效的特殊教育,这些残疾儿童都会成为有用的人才。

三是强调特殊教育师资与专业人员的培养,建议师范院校要建立特殊教育系,师资培养要注重专业能力的培养。他还建议大学要与国外开展学术交流,从一些特殊教育比较发达的国家,请一些有经验的教师、学者来国内讲学,同时,也可以送一批青年学者到这些国家深造,不断提高教师和专业人员的业务水平。

四是强调发展特殊教育是国家的责任和义务。他认为,中国当时至少有2700万需要接受教育的特殊儿童,国家不能完全依靠民间的仁人志士和慈善机构来承办特殊教育,必须将其作为国家的责任和义务。此外,他还建议民国政府教育部设立儿童教育司,下设幼儿教育、特殊教育科室来督导全国特殊教育的规划与实施。

总之,陈鹤琴的特殊教育思想与他强调教育救国、教育公平的"活教育"思想是一脉相承的。他不仅大力宣讲特殊教育的意义,介绍现代特殊教育理念，还结合自己创办幼儿园、创办家庭教育的实践来指导人们努力改善教育条件，优化教育环境，帮助有发展障碍的儿童克服身心障碍，最大限度地发挥潜能，成为有用的社会人才。陈鹤琴的教育思想，包括发展特殊教育的思想，是宝贵的精神财富，至今仍有指导价值。

第六章　特殊教育学学科理论基础

特殊教育学是一门既古老又年轻的学科。在东方和西方的古代哲学中,都可以找到特殊教育的思想源头,但只有二百五十年历史的现代特殊教育,更多的是关注教育法律法规的建立与完善以及不同类型特殊儿童的教育教学过程和方法,似乎没有像心理学或普通教育学那样,经历了学派相争的鼎盛时期,形成许多对立的理论与学派。然而,这并不意味着特殊教育学是一门不需要理论或缺乏理论的应用学科,而只是说明特殊教育的理念深植于基础学科和日常实践之中,需要进行理论的挖掘和梳理。例如,现代特殊教育理念从慈善型转向权益型、从医疗型转向"医教结合"型、从隔离教育转向融合教育、从学校教育转向早期教育和终生教育的发展趋势,都有其深刻的理论基础。本章围绕科学人文主义、身心关系和融合教育等问题阐述特殊教育学学科理论基础,并介绍特殊教育学学科主要的研究方法。

第一节　科学人文主义

现代教育提倡科学人文主义(scientific humanism),主张教育应使人具备人文素质和科学精神,同时避免"科学技术万能论"和古典人文主义的片面性。

特殊教育的发展需要科学精神与人文精神的结合。科学精神与人文主义相辅相成是特殊教育发展的主线。从历史上来看,特殊教育学的发展历程也是科学主义与人文主义从低层次的对立走向高层次的融合的发展历程。

一、西方科学主义特殊教育观的演变

西方特殊教育的发展源于科学主义的特殊教育观,经历了灭杀残疾婴儿、理性主义和理性主义与人文主义相结合三个发展阶段。

(一)古代西方科学主义对特殊婴幼儿的灭杀

古希腊从强种保国的角度出发,非常重视国家对儿童的教育。斯巴达和雅典有儿童一出生就要接受检查的传统,只有那些体质合格的婴幼儿才能交由母亲或保姆负责照管,等到7岁以后接受集体教育。因此,西方古代出现过弃婴甚至杀婴的现象,流传过与弃婴有关的神话故事,古罗马《十二铜表法》还论证过杀死残疾婴孩的合理性。废弃是古代西方对残疾人的主流态度。

柏拉图创办的学园(Academy)成为当时希腊教育和学术研究的中心。但柏拉图在与学生的对话中曾多次用盲人、聋人做消极的比喻,透露出对残疾人的轻视。亚里士多德特别强调语言的先天性和语言对人类理性发展的作用,把"感觉缺失和推理无能"看成是聋人的特征,并认为"他们与森林中的动物一样,是不可教育的",他的这些观点曾给聋人教育的发展带来消极的影响。这种"科学主义"的特殊教育观,是与当时生产力低下时期的"科学主义"教育观和政治观一脉相承的,但也为后来特殊教育的发展奠定了思想基础。

一是他们都认为办好教育是国家应该承担的重要职责和义务,从国家富强的角度强调了教育的重要性,这对近代教育的发展,尤其是教育立法包括特殊教育的立法产生了一定的影响。

二是他们都主张国家统一规划和掌控国民教育的全过程,即从3—6岁的幼儿教育到青少年教育。柏拉图是最早认识到儿童早期教育和训练的必要性和可能性的教育哲学家,而实现早期教育恰恰是特殊教育必须贯彻的原则。

三是尽管他们的教育思想都有着明显的阶级性和等级性,是一种培养高层人才的精英教育,但也承认了人与人之间的确存在潜能的差异,不是每个人都可以培养成有哲学思辨能力的"哲学王"和治国安邦的人才,而承认个体差异并针对个体差异进行个别化教育是特殊教育遵循的原则。

四是都重视德行、抽象思维能力的培养和强调精神生活中对"真""善""美"的追求,鼓励人们自我教育,这些思想对残疾人的自我完善也产生了积极的影响。

在《理想国》里,柏拉图曾经提出过抛弃残疾儿童的主张。与柏拉图相比,亚里士多德的教育哲学更倾向科学主义。他不仅提倡优生优育和适当地节制生育,抚养健康的孩子而抛弃畸形儿,加强婴幼儿的早期养护,而且充分认识到早期经验对儿童日后成长与发展的深远影响。

西方科学主义的特教观,并没有长期停留于对残疾人和特殊教育的排除,而是在文艺复兴时期,与人文主义相结合,通过理性主义和经验主义的渠道,开创和发展了现代特殊教育。

(二)现代科学主义与人文主义的结合

人文主义(humanism),也称人道主义,是指欧洲文艺复兴时期新兴资产阶级反封建的社会思潮,是文艺复兴的指导思想。人文主义主张复兴古希腊、古罗马以人和自然为研究对象的古典文化,反对以基督教神学为中心的封建文化。文艺复兴时期,人文主义也成为提出人性解放、倡导人道主义和人文关怀的思潮。其主要的理念是:肯定人的价值,称颂人的特性和理想,反对抬高神而贬低人的观点;强调按照人的自然本性生活,认为享受人世的欢乐是做人的正当要求,反对禁欲主义和来世观念;要求人的个性解放和自由平等,强调人的自由意志、品德、努力和才能,厌恶宗教桎梏和封建等级观念;推崇人的感性经验和理性思维,提倡用科学知识来造福人类,反对经院哲学和蒙昧主义。

现代特殊教育的科学精神与人文主义的结合是在生产力提高、经济发展的基础上,通过经验主义的教育实践和民主政治而逐步实现的。人文主义思想家虽然没有明确提出特殊教育的问题,但他们的唯物主义经验论,尤其是关于感觉经验的论述,为现代特殊教育发展提供了理论基础。例如,卢梭曾猛烈地批判造成残疾人不利处境的社会制度,他在《论人类不平等的起源和基础》中明确地指出了人类社会存在两种类型的不平等,一种是自然或生理上的不平等,另一种是精神上和政治上的不平等。他认为,发展教育是消除这两种不平等的必由之路。

随着人文主义、理性主义、经验主义思想的传播,残疾人的生活环境也发生了巨大的改变,在视觉、听觉、语言等方面的实验性研究和教育实践为现代特殊教育的发展奠定了基础,尤其是为现代学校特殊教育的发展开辟了道路。

二、中国人文主义与神秘主义特殊教育观的演变

中国古代思想中,人文主义的传统和神秘主义的倾向都对特殊教育思想产生了深远的影响。

(一)中国人文主义传统对特殊教育思想的影响

中国作为东方文明古国,很早就探讨过人文的内在含义。例如,《易经》中明确指出:"刚柔交错,天文也;文明以止,人文也。观乎天文,以察时变;观乎人文,以化成天下。"意思是说,阳刚与阴柔相互作用,形成天象的斑斓纹彩;止于礼仪,形成人间的斑斓文采。人们仰观天文,可以观察到四季的变化,俯察人间活动,可以通过教化来治理天下。由此可见,最初的"人文"是相对"天文"而言的,天文是指天象的纹彩,即日月星辰的变化,而人文是指人间的文采,即文明礼仪等。后来随着儒家思想的发展,人文与教育的关系更为密切。例如唐代孔颖达明确指出"圣人观察人文,则诗书礼乐之谓,当法此教而

化成天下也"，认为诗书礼乐是人文教育的主要内容，教化天下是人文的功能。

据考证，中国在春秋时期多用"废疾"这个词来表示"残疾"，"瞽"与"盲"都表示盲人，"聩"和"聋"都表示聋人，"痴""呆"都表示智障。只是到魏晋南北朝时期才出现了"残疾"这个词。[①] 上述几种对天人关系的理解，也隐含着对残疾人和特殊教育对象的朦胧认识。

1. 儒家的仁爱、王道、孝道

儒家主张仁爱，提倡王道、孝道和尊老爱幼，所以非常重视孤寡老人、残疾人等弱势群体。例如，孟子在与齐宣王讨论治国之道时，就说这个世界上富人过得不错，但那些无依无靠的孤寡老人就很悲惨。他还进一步明确地指出，"老而无妻曰鳏，老而无夫曰寡，老而无子曰独，幼而无父曰孤。此四者，天下穷民而无告者。文王发政施仁，必先施四者"，意思就是说，天下有鳏寡孤独这四类人是最需要照看和帮助的人，如果要施行仁政，首先要考虑照顾他们的问题。因此，是否同情和帮助孤寡老人、残疾人等弱势群体也成为判断统治阶级是否施行仁政和关心民间疾苦的标准之一。

在儒家思想的感染下，一些愿意积善成德的人，也会慷慨解囊，组织民间的扶残助残活动。例如，据《北史》记载，南北朝时人李士谦，遇到凶年，就赠送药物救济残疾和有病之人。

儒家有关个体与群体关系的"兼独"观念认为，"穷则独善其身，达则兼济天下"（《孟子·尽心上》），甚至主张在没有条件施展政治抱负的情况下，君子不仅要做到独善其身，还应该力求做到"立言垂范，功于后世"。在这种思想的激励之下，历史上许多处境不利的残疾人，顽强地与命运抗争，从精神境界的提升方面寻找安慰和力量，为后人留下了不朽的著作。例如，左丘明失明而著《左氏春秋》，孙膑膑足而著《孙子兵法》，司马迁忍受腐刑之苦完成《史记》等，都是残疾人

---

① 陆德阳，稻森信昭. 中国残疾人史[M]. 上海：学林出版社，1996：2.

取得卓越成就的典范。

2. 墨家的"兼爱"

比较而言，古代中国诸子百家中，真正关心残疾人和特殊教育的是墨家。墨翟（约公元前480—前420年）创立的墨家学派，是一个强调功利、否认"天命"的平民学派。墨子站在小生产者的立场上，提出了"兼爱""非攻""尚贤""尚同""天志""明鬼""节用""节葬""非乐""非命"等十大主张，希望建立一个和平互利的理想社会。

墨家所倡导的"兼爱"，是一种建立在平等基础之上的爱人原则。儒家虽然也提倡仁爱，但是一种有尊卑上下、亲疏远近的"等级之爱"。墨家提倡的兼爱是要打破这些等级界限，做到"爱无差等"，即"视人之国若视其国，视人之家若视其家，视人之身若视其身"。墨家还将"兼相爱，交相利"两者相提并论，认为爱并不是抽象的，要体现为利人。兼相爱只有达到交相利才能产生"生天下之大利"的实际效果。墨家非常了解和关心民间的疾苦，自然也关心处境不利的、生活更为艰难的残疾人、孤寡老人等。在"兼相爱，交相利"思想的指导下，墨家对弱肉强食、为富不仁表示愤慨，倡导"有力者疾以助人，有财者勉以分人，有道者劝以教人"。这种洞察民间疾苦、伸张正义，以实际行动帮助他人尤其是救助弱势群体的理念，为发展特殊教育提供了思想资源。

（二）古代中国神秘主义对特殊教育思想的影响

春秋战国时期，许多国君希望通过观看天象、占卜算卦来推测人世间的吉凶祸福，当然这种推测工作不是普通人能做到的，大多是依靠长期观察天文星象变化的史官和失去视力的盲人来完成。例如，据《国语·周语》记载，单襄公曾经说过："吾非瞽、史，焉知天道？"言下之意便是，只有那些清心寡欲的盲人和史官才可能领悟和传达上天的旨意。限于生产能力和科学水平，这种充满神学迷信思想但又隐含着朴素的唯物主义精神的想法和做法在中国长达数千年的封建社会是有深远影响的。它也在一定程度上影响了人们对特殊人群尤其是一些智力水平较高的盲人和聋人的看法,认为他们的残疾是上天的安排,残疾人是专门从事人、神、鬼三界沟通的特殊人物。

此外,由天人感应说衍生出来的因果报应的宗教意识,使得一部分统治者为了维护统治,博得较好的政誉,从替天行道的角度制定相关法规来减轻残疾人家庭的税赋,对残疾人提供一定程度的救济和抚恤。例如,据《晏子春秋》记载,晏公出游时,曾会见残疾老人,问疾振赈。管子也推行"养疾之举",也就是将"聋、盲、喑哑、跛躄、偏枯、握递不耐自生者,上收而养之疾官,而衣食之"。

中国古代的天人关系思想中还含有"安然自得,听天由命"的思想,尽管有其消极的成分,但在一定程度上起到了平衡心理、减少内心冲突的作用。例如,儒家主张"君子素其位而行,不愿乎其外。素富贵,行乎富贵;素贫贱,行乎贫贱;素夷狄,行乎夷狄;素患难,行乎患难,君子无入而不自得焉",意思是说,君子依据所处的地位行事,不超出这种实际的处境有更多的奢望和祈求。处于富贵,行为便符合富贵的身份;处于贫贱,行为便符合贫贱的身份;处于夷狄,行为便符合夷狄的身份;处于患难,行为便符合患难的身份。这样,君子无论处在什么样的境地,都能安然自得,乐在其中。

中国古代思想把一些不同于常人的残疾人列在"人神"与"人鬼"之间,尤其是把那些智力水平较高、懂得一些占卜星象之术的残疾人看成是领悟天机的全知之人,在暗示天机和预测未来等方面可能发挥奇特的作用,所以,人们通常也不太敢轻视和得罪他们。这种迷信和愿望合二为一的思想,在客观上也使得古代有些残疾人反而能获得超乎正常人的学习条件。

通过上述东西方古代思想的比较,不难看出,与古代西方对残疾人"自然淘汰"的理性做法比较,中国古代的儒家思想和墨家思想更能体现人本主义精神。但也应该看到,这种发政施仁的政治哲学和道德思想,只是把极少数残疾人作为同情和施舍的对象,而不是教育的对象。这种同情观对后代产生了深远的影响,使中国的残疾人长期处在被同情和被施舍的地位,得不到人格的尊重和教育的支持。这也导致中国特殊教育的思想尽管源远流长,但正式的学校型的特殊教育仍然是由传教士从西方传入的。

三、社会公平与教育公平

公平、正义作为社会科学中的中心议题,也是现代特殊教育发展的理论基础。

在人类历史上,追求社会的公平与公正一直是一个基本目标和核心价值。一个和谐健康的社会不仅要有发达的生产力和物质财富,更重要的是要把这些发达的生产力和物质财富用于满足全体社会成员的需要,促进人的全面发展。人民生活水平的提高和人的自由全面发展虽然是以经济增长为基础的,但又不仅仅取决于经济增长,还取决于社会的制度安排,如人权是否保障、政治是否民主、法制是否严明、社会是否安定、机会是否公平、公共设施是否完善、收入分配是否合理等多方面的因素。

社会公平虽然首先表现为人们的一种主观感受,但是它的内容却是客观的、可以确定的。无论是生存公平、产权公平,还是发展公平,人们在一定的经济条件下都可以找到相对应的物质内容。公平是和谐社会的一个基本价值追求,我们应该把维护社会公平放到更加突出的位置。和谐社会,是民主法治、公平正义、诚信友爱、充满活力、安定有序、人与自然和谐相处的社会。在现阶段,维护和实现社会公平,关键是要逐步建立以权利公平、机会公平、规则公平、分配公平为主要内容的社会公平保障体系。

社会公平理论认为,文明进步的社会应该建立与完善动态的制衡体制和平衡控制。其中,很重要的一点是关注和帮助弱势群体。实现教育公平,发展特殊教育,是实现社会公平的基础和重要内容。教育现代化包括特殊教育的现代化,它既是融合教育观念与内容的现代化,也是特殊教育装备与手段的现代化,但核心是人的素质现代化与人的全面发展,就是人人都享有公平接受高品质教育的权利。因此,教育公平既是教育现代化的基本要求,也是教育现代化的重要标志。推进教育现代化建设,就必须把教育公平作为基本原则,统筹好区域和城乡教育,统筹好公办教育和民办教育,统筹好普通教育和职业教育,统筹好留守儿童、残障儿童、农民工子女和少数民族儿童教育,科学合理配置教育资源,推进基本公共教育服务均等化,营造人人皆可成才、人人尽展其才的良好环境,让每一个人都能通过教育获得人生出彩的机会。

第二节 身心关系与特殊教育

特殊教育对象中有很大一部分是在感官、精神、情绪等方面有比较明显的发展障碍的儿童,因此,身心关系是特殊教育学中一个重要的理论问题。对特殊儿童身心关系的理论认识直接涉及特殊教育的可行性、有效性及特殊儿童发展的前途与命运。从特殊教育发展的实践过程来看,特殊儿童身心关系的理论问题又集中到先天遗传与后天教育、缺陷补偿与潜能开发、个体差异与共同发展等三个方面。

一、先天遗传与后天教育

先天遗传与后天教育的关系是教育学、心理学包括特殊教育学和特殊儿童心理学中争论很多的理论问题。这一问题涉及哲学的先天论与经验论、教育学的遗传决定论与教育万能论、心理学的先天素质与后天养成等相关问题。

(一) 哲学上的先天论与经验论

先天论是有关哲学、伦理和美学的理论,其主要观点是认为人的知识、道德和美感都来自先天,而不是个体的经验。在哲学上,笛卡尔的天赋观念论强调先天知识的普遍性和必然性。康德用先天论来解释知识的来源。在伦理学上,先天论认为良心来源于天赋的本性,柏拉图认为人的善恶观念是先天存在的,康德的道德哲学认为,人只有用先天的道德直觉来克服后天经验利害的引诱才能培养符合道德原则的行为习惯。在美学上,强调人的天赋的美感能力存在于纯粹的形式之中,而不是来自经验。

经验论认为一切观念都是从经验抽象概括而来的,经验是知识的唯一来源。经验论虽与先天论相对立,但也有唯物主义和唯心主义之分,前者认为经验来源于外部的客观世界,后者否认经验的客观来源,不可知论则回避感觉经验的来源和客观事物的可知性问题。洛克把经验划分为感觉经验和内省经验,承认内心活动产生的观念也是知识的一个来源。19 世纪的经验论,除了费尔巴哈唯物主义的经验论之外,主要是沿着贝克莱的唯心主义经验论和休谟的不可知论的路线发展,20 世纪以后的现代经验论进一步分化为实用主义、新实在论、批判实在论、逻辑实证主义、语言分析哲学等不同的派别。现代经验论的共同特点是超越心物的对立,否认经验的被动性,强调人的经验就是人的行动和实践,是有机体与环境、刺激与反应之间的相互作用。

中国古代思想家大多也是认同先天论。孔子提出"性相近,习相远",认为人的最初本性都是非常相近的,但因为后天在不同的环境中得到的习染不同,而各自相差甚远。孟子的"性善论"更明确地指出:"无恻隐之心,非人也;无羞恶之心,非人也;无辞让之心,非人也;无是非之心,非人也。恻隐之心,仁之端也;羞恶之心,义之端也;辞让之心,礼之端也;是非之心,智之端也;人之有四端者,犹其有四体也。"孟子认为,人性中本身就包含仁、义、礼、智这些善良因子的萌芽。萌芽状态的因子是会得到发扬光大还是被扼杀和泯灭,取决于后天的环境和教养。因此,孟子非常强调后天环境和教育的作用。

古今中外的先天论和经验论在认识论方面有根本的分歧,但都随着现代科学的发展、研究水平的提高,在否定之否定中不断地深化和演变。

(二) 遗传决定论与教育万能论

遗传决定论认为个体的身心发展和所有机能都是先天遗传决定的。后天环境和教育的影响只不过是加速或延迟这些遗传能力的实现,但丝毫不能加以改变。持遗传决定论的心理学家和教育家都相信遗传在个体发展中起着关键的作用。例如,美国心理学家霍尔(G. S. Hall)认为:"一两的遗传胜过一吨的教育。"德国心理学家彪勒(Karl Bühler)也曾说过:"儿童心理发展的过程乃是儿童内部素质向自己的目的有节奏的运动过程,外部世界在这里只起着促进或延缓这个过程的作用,而不能改变这个过程。"

教育万能论也称教育决定论,是一种否定遗传因素的影响,过分夸大教育作用与功能的理论。教育万能论哲学思想的代表人物康德认为,人之所以成为人,完全靠教育;德国哲学家莱布尼茨也曾说过,如果给他以教育的全权,不需要一百年,就可以使欧洲改观。爱尔维修强调,人的天赋是平等的,根本不存在遗传素质的差别,人是环境和教育的产物;只有通过教育才能发展人的理性,形成健全的人格,进而改变社会,建立合乎理性的社会制度。在20世纪二三十年代的中国,教育万能论常常和教育救国论、科学救国论一脉相承。

在教育心理学方面,美国心理学家、行为主义心理学的创始人华生(J. B. Watson)是教育万能论的代表。他从机械主义的发展观出发,否定遗传的作用和影响。他认为心理训练的目的就在于对行为的预测与控制,通过设计合理的系统性条件反射的训练,可以改变人的行为,形成良好的习惯。

随着行为主义衰落,认知心理学兴起,以及相邻学科研究的深入,上述极端的遗传决定论和教育万能论都逐步地退出历史舞台,人们更多地认同相互作用论。在人的发展和教育过程中,更多的学者既承认遗传素质的个体差异,同时也强调后天生存环境和教育对人的发展的巨大影响。

(三)先天素质与后天养成

先天素质又称禀赋、天资,指个人与生俱来的解剖生理特点和资质禀赋。先天素质包括脑和神经系统的结构和机能特性。

近代遗传学和神经科学的研究认为,素质可能包括脑和感觉、运动器官的微观结构,大脑皮层细胞群的配置,神经细胞层的结构,以及神经类型特征等方面的影响因素。但是,个人素质并不等同于遗传素质,还包括个体在胎儿期由于母体内外环境的各种变异的影响所造成的某些属于先天但并非遗传的特征。因此,先天素质可以理解为个体尚未发展但在活动的最初阶段已经表现出来的自然基础,是能力形成与发展的天赋条件,但不是能力本身。

个体能力的培养还需要后天的教育与养成。从20世纪80年代我国倡导素质教育以来,"素质"成为中国教育界耳熟能详的术语,不仅包括先天的生理和心理品质,而且包括经过后天的教育和培养形成的思想、文化、技能等素养和体力、智力的发展。针对我国教育的现状,素质教育强调教育要立足于提高劳动者素质、国民素质和民族素质,要求教育从教育的目的、目标、结构、内容、方法到模式全方位地实现三个转变:一是把单纯培养少数拔尖学生转变为提高全体学生的素质,即由精英教育转向大众教育;二是把单纯注重智力培养转变为注重德、智、体、美、劳的全面发展,即抨击智育第一,强调全面发展;三是把片面追求升学率的基础教育转变为为社会主义现代化服务的基础教育,即反对应试教育,强调职业技术教育和多元智能。

素质教育是发展人的身心最基本品质的教育,在一定程度上科学地表明了先天素质和后天教育的关系。

二、缺陷补偿与潜能开发

缺陷补偿是指通过多种途径对器官和组织的损伤所造成的缺陷进行弥补和代偿。缺陷补偿的途径可采用器械使用、康复训练、心理治疗等多种方法。例如,借助激光手杖和超声导盲器来帮助盲人定向行走,通过助听器或人工耳蜗来补偿聋人或重听者的听力损伤。潜能开发是指通过创造适当的条件,使人的潜在能力得到发挥,使内隐的可能性转化为现实性。加德纳提出多元智能论以后,人们更加强调特殊儿童教育中潜能开发的重要性。

由于特殊教育的宗旨是最大限度地发挥特殊人群的潜能,所以,在特殊儿童的教育与康复过程中处理好缺陷补偿和潜能开发的关系是一个重要的理论与实践问题。正如有的论者指出的:"缺陷补偿与潜能开发是特殊教育活动的两大重要任务。辩证、全面地理解两者的关系是我们开展特殊教育实践的前提。""缺陷补偿和潜能开发并不是对立的,而是相辅相成、相互促进的关系。"[1]

三、个体差异与共同发展

存在比较明显的个体差异是特殊教育对象的主要特征之一。有特殊教育需要的儿童的个体差异可能体现在不同的层次、不同的程

---

[1] 盛永进.特殊教育学基础[M].北京:教育科学出版社,2011:147.

度、不同的时段。特殊儿童的群体差异不仅表现在与普通儿童群体之间的身心差异，也表现在不同类型特殊儿童之间的群体差异，如视力障碍、听力障碍、智力障碍和精神障碍之间的差异；特殊儿童的个体之间的差异表现在同一类型的特殊儿童之间，如自闭症谱系障碍之间的差异，如高功能的自闭症儿童与低功能的自闭症儿童之间的差异；自身的个体差异是体现在同一个特殊儿童身上的障碍程度、性别、年龄、个人兴趣、认知特点、学习方法和性格等方面的差异。

特殊教育的共同发展是指特殊儿童与普通儿童都要按照社会发展指向的目标和自身的特点，实现共同发展与提高。共同发展理念强调在科学人文主义时代精神的指导下，不断地创设与优化普特融合的教育环境，强调普通儿童与特殊儿童之间的相互尊重、相互学习、相互帮助。

在融合教育背景下，通过各种评估与观察来深入地了解特殊儿童的个体差异，根据个体差异进行有针对性的个别化教育、教学，通过优化教育环境来促进特殊儿童的共同发展，是特殊教育的基本原则。

第三节　特殊教育的隔离与融合之争

从特殊教育发展的历程来看，特殊教育从零零星星的居家特殊教育、隔离式的近代学校特殊教育，发展到强调以融合教育为主的现代特殊教育，经历了不同的发展阶段。半个世纪以来，特殊教育学领域关于特殊教育的隔离与融合问题，围绕着以下几个方面进行了热烈的争论，至今尚未完全统一认识。

一、为什么要倡导融合教育？

融合教育是针对隔离教育而言的。从历史上来看，从18世纪现代特殊教育的兴起到20世纪中叶,将特殊儿童与普通儿童分离的、单独设置的隔离教育是主要的特殊教育理念和安置模式,与此相对应的是根据特殊儿童的障碍类型设置一些专门的特殊教育学校和机构,如盲校、聋校、智障学校等。应该承认,这种特殊学校的专业设施和专业人员更为集中,特殊儿童在其中能接受更有针对性与专业性更强的教育、教学与训练,同时不会对普通教育产生任何影响。但是,从20世纪中叶以来,随着正常化、反标签化、非歧视评估、零拒绝和回归主流运动的开展,在一些特殊教育比较发达的国家,这种隔离式的特教理念和形式都受到严厉的批评,现代特殊教育越来越倡导与普通教育融为一体的融合教育。

提倡融合教育主要的理由如下。

一是认为隔离式教育有碍人权和教育公平,隐含着对残疾人和特殊儿童的潜在性歧视,有碍于现代特殊教育从慈善型向权益型转变;二是认为隔离式教育有碍于特殊儿童回归主流社会,由于没有机会更多地与正常儿童相处,特殊儿童毕业后适应社会环境的能力比较差,不利于其发展;三是在隔离教育中普通人对各类特殊儿童缺乏了解,更谈不上学习他们的优点和主动地帮助他们,长此以往,完成了学业的特殊儿童还是很难与普通人一起学习、工作和生活。

为了实现从隔离教育向融合教育的过渡,美国等特殊教育比较发达的国家提出了瀑布式特殊教育服务体系和最小限制环境原则,将不同障碍程度的儿童尽可能安置在最小受限制环境的学校,与普通学生一起接受个别化教育,促进普特融合。20世纪90年代以后,融合教育逐步成为世界特殊教育的指导思想。

推行融合教育的意义主要如下。

一是融合教育有助于优化教育环境,实现教育理想与现实的统一。培养德才兼备、全面发展的人才是我们的教育目标和理想,但要实现这一目标,必须从家庭、学校、社会三个方面优化教育环境,包括物理环境和心理环境。融合教育要求教育者能科学地理解、认可和尊重个体差异，善于引导儿童学会尊重、建立友谊、承担责任、培养健全的人格、最大限度地实现自己的潜能，促进社会的和谐发展。

二是融合教育维护儿童权利，体现社会的公平正义。倡导融合教育，是基于社会正义、人权、教育平等的思想。融合教育是一种实现人权、体现公平正义和产生良好社会意识的教育。在我国，实行融合教育将有助于促进法治与公平精神的发展，体现建立和谐社会的优越性。

三是融合教育能促进普通教育深入改革，培养德才兼备的人才。教育全球化已经使人们达成了共识：教育必须解决人类自身的发展问题，以不同的方式促进人类的文明发展与共同进步，绝不能以一部分人的失败为代价来换取另一部分人的成功。融合教育的理念正是踏着时代的步伐，主张降低教育的功利性，有意识地消除"不公平竞争"对儿童发展带来的物化、驯化、异化等负面影响，以"教育的宽容"和"发展的多元"来维持人的自尊和自信，保持社会发展的和谐与稳定。这种教育理念可以启发和促进普通教育深入改革。

四是融合教育关注所有儿童，提倡共同发展。融合教育不仅有益于特殊儿童的发展，而且能够促进正常儿童和有特殊需要儿童的共同发展。一方面，有发展问题的儿童从融合教育中获得更多刺激性、变化性和回应性的经验，通过对正常儿童观察、模仿、学习与互动，发展社会交往、语言沟通等方面的能力。另一方面，正常儿童也可以从同伴比较中，认识到自己的责任，调整自己的行为，帮助同伴学习，可以克服自我中心，促进双方的发展与进步。大量的调查结果表明，在融合教育机构内，正常儿童能更多地学习到教师和同学的优良品质，体会到人的幸福主要来自无私的奉献及人格的自信与骄傲，而不是遵循丛林原则的竞争。

二、融合教育是否更有利于儿童的发展？

融合教育是否更有利于儿童的发展与教育——这里的儿童既包括普通儿童，也包括有特殊需要的儿童——是一个有争议的问题。1994年《萨拉曼卡宣言》公布之初，无论是特殊教育界还是普通教育界，都有人不理解普特融合，对实行普特融合的必要性和可行性都表示怀疑和排斥。一部分特殊教育学校的专业人员和特殊儿童的家长认为，相对隔离和独立的特殊学校，设施和专业人员更为集中，有利于针对某一类特殊儿童，如盲童、聋童进行专业性更强的教育、教学与训练，也不会影响普通学校的日常教育活动；普通学校的专业人员和儿童家长更是抵制特殊儿童进入普通学校和普通幼儿园。

但是，实践是检验真理的标准，近几十年来国内外大量研究结果表明，真正地实现融合教育，尤其是早期融合教育，既有益于特殊儿童的身心发展与教育，也有益于普通儿童的身心发展与教育。

相关"学前特殊儿童融合教育的比较研究"项目从行为和心理层面验证了实施学前融合教育康复体系的价值、路径与方法。研究认为，通过改善幼儿园的物理环境和人文环境，早期融合教育能促进特殊幼儿社会认知的发展，使他们从完全不懂指令，到能够理解和服从不同难度的社会指令。研究之初，有不少学前特殊儿童连"收拾玩具""站起来""去洗手"等简单的社会指令都无法理解和执行，但接受了一段时间的学前融合教育之后，全体特殊幼儿都能在不同程度上服从三种社会指令，即授受性、动作性和规范性社会指令，从完全不理解和不会表达情绪发展到能用行为、动作来表现相应的情绪，有的还学会了安慰他人。此外，普通幼儿在与学前特殊儿童的接触过程中，逐渐地学会了克服自我中心，学会换位思考，更好地接受同伴与自己的差异性，进一步学会理解别人，约束自己，改变自己不合理的行为和想法，热心地帮助特殊幼儿，与他人建立良好的人际关系。正因为这样,在有些国家出现了"逆向融合",主动让普通儿童进入特殊教育学校和资源中心,通过与特殊儿童的相处来促进普通儿童的身心健康发展。

三、"随班就读"是否等同"融合教育"?

随班就读是我国20世纪80年代开始广泛开展的一种让特殊儿童在普通学校普通班学习的特殊教育形式,它与西方的回归主流运动和瀑布式特殊教育服务体系在形式上有些共同之处,但在出发点、指导思想、实施方法等方面有一定的中国特色。三十多年的实践表明,大面积地推行"随班就读",解决了很大一部分残疾儿童就近上学、普及义务教育的问题,取得了明显的成就。现代特殊教育,尤其是普特融合教育的思想,对普通教育提出了全面的挑战。传统的普通学校的教学设计过于偏重知识的获得与逻辑推理、语言表达等方面的能力的培养,忽视了情感激发、积极参与、创新思维、合作、容错、沟通、反省和自律等素质和能力的培养。在长期的历史文化传统中形成的保守的接受型、资源型的学习很难达到探究性、协作性、创造性的学习效果。过分的机械训练容易降低学习的热情,形成学习和工作倦怠。在一个渗透着精英教育、智育第一、应试教育和片面追求升学率导向的教育环境中,要想真正地实现普特融合教育和大幅度地提高随班就读的水平是难以想象的。

"随班就读"是融合教育的起步阶段,只有强有力的支持系统才能使"随班就读"发展成为真正的融合教育。我国20世纪80年代开始推行的"随班就读"在普及义务教育、提高特殊儿童入学率方面发挥了很大作用。但因支持系统不健全,支持力度不够,目前大多数"随班就读"还只是停留在"回归主流"的阶段。然而,回归主流和融合教育之间存在很大差别。例如,在回归主流中,有障碍的儿童必须"做好准备""达到要求"才被纳入和安置到主流教育环境之中。这种纳入和安置的重心在于帮助这些有障碍的儿童达到普通环境预定的要求或正常儿童的教育标准。这样，有障碍的儿童就常常被视为原本应该安置到特殊教育班级或学校，只因没有特殊教育学校而不得已临时安排在普通教育环境中的"就读"对象。但是，在融合教育中，有障碍的儿童也是普通教育班级中的主人，他们同样能以主人翁的态度和方式积极参与班级活动，普通学校的教师、儿童及家长不得以任何理由歧视和排斥他们，而是应该尽最大的努力帮助他们，共同营造良好的育人环境。当然，要想从"随班就读"变成水乳交融的融合教育，必须要有相应的法规、资金投入、专业队伍等强有力的支持。

从隔离教育到融合教育的转变是教育思想的重大转变，是人类在科技迅猛发展、生产力水平大幅度提高的条件下，对教育的意义和价值进行深刻反省后的选择。提倡融合教育是特殊教育发展史上的一次飞跃，它表明当代特殊教育已经从福利型向权益型的方向转变。特殊教育已经不是个别仁人志士的乐善好施，也不是太平盛世的繁华点缀，而是传统的人文精神与现代科学的有机结合，是实现教育民主和提高民族素质的必由之路。特殊儿童，哪怕是残疾儿童也不再是在怜悯和呵护的封闭环境下成长，而是满怀信心地在理想和现实的驱动下最大限度地发挥自己的潜能，成长为推动人类文明进步的力量。

总之，当代融合教育代表了现代教育发展的一种前进方向，一种崇高的境界，即实现教育过程中真、善、美的统一。倡导融合教育也触及当代教育改革中许多长期没有解决的深层次问题，引发人们对教育的目标、功能进行深刻反省，对教育价值取向、教育定位进行必要的调整。从这个意义上讲，融合教育对现代教育发展提出了更高的要求和期望，使教育的深化改革再次面临着挑战。

四、如何真正地实现融合教育

近几十年来融合教育的产生与发展历程表明，普特融合已经不是一种单纯的特殊教育安置方式,而是一种充分体现人权、民主、公正、科学与人文关怀结合等时代精神的教育理念,这种教育理念与全民教育思想是一脉相承的。因此,真正地实现融合教育,和发展少数民族教育、改善女童教育、解决流动人口子女教育等问题一样,需要全社会的理解与支持,从制度建设、信息平台建设、资源库建设着手,建立政策法规、行政管理、专业支持以及社会支持等综合支持保障系统。

(1) 立法与制度保障

制定明确的特殊教育法规和政策,用立法的形式保障有特殊教育需要的儿童受教育的权益,规定各级政府、学校和儿童家长在融合教育中的责任与义务,规定拨款标准、设施方式,明确相关政策与工作机制等,保障特殊教育的经费支持。

(2) 专业与师资保障

从质与量两方面全面保障特殊教育专业队伍有效满足特殊儿童的教育需求,包括培训内容的安排、培养的模式、不同岗位教师的专业标准等;聚焦于特殊儿童专业服务体系的构建,覆盖从早期干预、学前教育、义务教育到职业/高中教育各个学段,涉及发现、鉴别、评估、安置、教育及相关服务、转衔等关键环节,关注特殊教育与普通教育、职业教育的融合与贯通;全面分析特殊儿童专业服务不同阶段、不同层面的现状与需求,充分借鉴发达国家(地区)成熟的经验,构建符合国情的特殊儿童专业服务体系,满足该群体的发展与教育需求。

(3) 经费保障

满足我国特殊教育经费投入需求,通过生均经费指标的提高和设施保障来建立优良的教育育人环境。满足融合特殊教育在校舍、设备、图书资源、信息技术等方面的需求。

（4）信息资源保障

采用文献分析的方法对有关特殊教育信息资源管理体系或保障体系进行比较研究，为构建我国特殊教育信息保障体系提供依据；采用问卷调查法对当前我国特殊教育信息资源保障体系方面的需求等问题进行调查，为设计适合我国国情的特殊教育信息保障体系提供支持；创造性地构建具有中国特色、服务于多项功能、跨部门合作的特殊教育信息资源保障体系。

由此可见，实施普特融合是实施全民教育的重要组成部分，融合教育是一个系统工程，需要长期和不懈的努力才能实现。

第四节 特殊教育学的研究原理和方法

一、特殊教育学研究的层次性

科学研究是采用科学的方法探讨事物发展的因果关系和发展规律的社会活动。根据不同的研究对象与问题，研究的原理与方法有三个层次：最高的是哲学层次，中间的是一般方法论和研究范式，第三个层次是更为具体的学科研究方法。最高层次的哲学方法论，如亚里士多德的《工具论》和《形而上学》、笛卡尔的《论方法》都是有关哲学方法论的文献。马克思主义唯物辩证法总结了自然、社会、思维的最一般的规律，是具有普遍意义的哲学方法论。

研究原理和方法的中间层次，即一般科学方法论，体现了研究的时代精神、研究范式和相关学科的整体水平。例如，在20世纪中叶兴起的"老三论"（系统论、信息论和控制论）和"新三论"（耗散结构、协同论、突变论）揭示了自然与社会的系统性、层次性和开放性，丰富和深化了辩证唯物主义的物质观、运动观和时空观，这种科学研究的一般方法论能帮助我们更加全面和深刻地认识科学发展的一般规律、学科之间的内在联系。

科学研究活动是一个求真的过程,因而任何科学研究都是要靠事实说话的,除了选择正确的思维方法之外,还要通过具体的研究方法来获得研究资料,并对这些资料进行分析和综合等研究工作。

实证研究需要具体材料的支持和验证,没有资料的研究是缺乏说服力的,只是表明研究者的想法或推测而已。也有学者把这一层次的研究方法称为获得研究资料的方法。当然,由于研究的课题不同,想要说明的问题不同,需要得到的资料也不同,获得资料的方法和途径也不相同。例如,古生物学家要研究在古代灭绝的古生物,古化石就是最好的第一手资料;对儿童现场活动的研究,需要现场情景的记录;许多定量研究要有可靠的数据;理论的归纳需要丰富的文献资料;等等。

特殊教育学研究同样涉及三个层次的研究。哲学层次的研究帮助我们从人类历史发展的角度来认识特殊教育学发展与人类生产力和生产关系发展的同步性,揭示当代特殊教育的发展是人类文明进步的必然结果,理解现代主义、后现代主义的争论与特殊教育哲学的内在联系。一般方法论的研究有助于我们从系统论、信息论和控制论等一般科学方法论的角度来认识作为交叉学科的特殊教育学与医学、生理学、心理学、教育学、社会学等学科之间的内在联系,加深对特殊教育学学科本质的认识。第三个层次的研究是针对有特殊教育需要的儿童的教育、教学、康复和干预中的具体问题进行的调查研究、行为研究、临床研究与实验研究,例如,盲童的视觉—空间认知特点的研究,自闭症儿童自然认知与社会认知的比较研究,等等。从事第三个层次研究的研究者通常要掌握一定的实验设计方法,具备资料收集和统计分析的科研能力。比如,如果研究的是特殊儿童的心理问题,就可能采用实验心理学研究的一般方法;涉及认知神经科学就可能需要用实验结果来检验有关特殊儿童的结构功能论、弱中心统合等神经科学假说。

二、特殊教育学研究与方法的多重分类

特殊教育学的研究是多层次、多水平、跨学科的研究,除了上述研究层次之外,它同时具有多重的分类方法。

按照研究问题的大小来区分,可分成宏观、中观和微观研究三大类。

按学科的结构和研究的目的来区分,可分为基础研究和应用研究。

按研究水平来区分,可分为行为水平、心理水平和神经生理水平的研究。

按研究对象来区分,可分为视障研究、听障研究、智障研究与自闭症研究等。

按照研究揭示的量与质的关系来区分,可分为定性研究、定量研究。

按照获得研究资料的途径来区分,可分为文献研究、调查研究、实验研究。

按实验所采用的仪器设备、技术方法来区分,可以分为眼动轨迹研究、脑功能 fMRI 研究,等等。

从学科定位来看,特殊教育学研究大致分为两大范畴。一是作为教育学的二级学科的研究,如围绕教育哲学、教育原理、教育史、教学论等学科建设问题进行的系列研究,这类研究多采用文献研究、调查研究、个案研究等宏观、中观的研究方法。二是针对教育对象,即不同类型的特殊儿童的身心发展特点,不同类型的特殊儿童的康复、干

预、教育方法和效果等方面的研究,这类研究多采用心理学的微观的、个案的、实验的研究方法,例如认知心理学和单一被试的研究方法。

一般来说,研究者要根据社会的需要和个人的知识背景和研究能力来确定研究的课题,在确定了研究的问题和目标之后,要了解不同层次的特殊教育学研究的基本模式,尽快使研究思路达到操作化的水平。例如,如果是调查研究,就必定涉及调查对象、调查范围、调查方式、材料类型、记录方法和分析方法;如果是实验研究,就必定涉及主试和被试、自变量和因变量、实验仪器或手段、数据处理的统计方法等。总之,从事特殊教育学研究,要学会从交叉学科的结合处找一块地方,打一口深井,深入地探讨特殊教育学的理论与实践问题。

特殊教育学常用的研究方法包括横向研究、纵向研究、跨文化研究、个案研究、实验研究、行动研究、生态研究等。

(一)横向研究

横向研究(cross-sectional study),又称横断研究,是发展心理学常用的实验设计方法,也是特殊教育学研究经常使用的研究方法。横向研究的思路是通过同一时间段对不同年龄组被试观察和测试情况的比较,来探讨个体心理与行为发展的趋势和规律。例如,探讨某一年龄段的听障、视障、自闭症儿童等不同类型的特殊儿童对某一问题的认知水平。这类研究的优点是节约时间和人力,也可以消除和控制那些由于时过境迁而引起的研究环境和文化背景的变化。其不足之处是,由于构成被试样本的被试并不同质,被试组的差异可能大于年龄组的差异,难于发现被试特质的持久性和稳定性。

(二)纵向研究

纵向研究(longitudinal study),又称追踪研究,是发展心理学和特殊教育学研究中常用的一种研究方法。纵向研究的思路是通过较长时期(可以长达几年乃至几十年)定点对某一组被试观察和测验情况的比较,探讨被试心理和行为发展的趋势和规律。例如,对一个或一群特殊儿童进行长期的定点观察、测验与记录,探讨他们身心发展的轨迹。纵向研究的优点是能保持研究对象的同质性,但不好控制时过境迁所引起的环境和文化因素对前后结果的影响,因此,在实际研究过程中,经常和横向研究结合使用,以达到研究互补的效果。

（三）跨文化研究

跨文化研究(cross-cultural study),又称"文化比较研究",是通过比较不同文化群体成员之间的心理和行为方式来探讨文化的影响作用,验证文化共通原理和文化特殊原理。在特殊教育学研究中,跨文化研究已经成为一种广泛运用的用来比较不同国家、地区、民族特殊人群心理发展和教育规律的研究方法,例如,用跨文化的方法来探讨少数民族对特殊儿童的态度与教育理念。

（四）个案研究

个案研究(case study)是一种通过对某一个案的系统观察和测验来探讨其发展情况的研究方法。个案研究的优点是通过综合分析能比较系统和全面地了解个体某一侧面的心理和行为的发展过程。由于特殊儿童的个体差异较大,在特殊教育学研究中,多采用测验、实验、作品分析等多种方法针对某一特殊儿童或某一类特殊儿童的一个方面进行个案研究,为发现普遍规律奠定基础。个案研究在特殊儿童研究中广泛运用,其优点是能聚焦于个体研究,从发展曲线中看到教育、干预、训练、康复的结果与效能,不足之处是缺乏严格控制和平行比较研究思路。

（五）实验研究

实验研究（experimental study），又分准实验研究和严格控制的实验研究。准实验研究如同个案研究、单一被试研究。严格的实验研究是一种需要严格地控制变量、通过精细的观察与测验来考察变量之间的关系和揭示变化规律的研究方法。从实验的场所来看，实验研究又可以细分为两种类型：一是实验室实验，二是自然实验。实验室实验必须在实验室中借助各种仪器设备进行精细观察，记录和分析实验数据，控制无关变量，例如，脑功能的实验就是典型的实验室实验。自然实验是在日常生活条件下进行的实验研究，主要是通过对某些主要影响因素的控制来比较被试心理和行为的变化。例如，在各级学校中结合日常的教学、教育环境所进行的实验是自然实验，常和行动研究交叉进行。

（六）行动研究

行动研究（behavioral study），是一种通过多重观察和比较来研究对象的行为变化的研究方法。在行动研究的过程中，首先要确定观察和比较的行为，其次是确定抽样的方式——是事件抽样，还是时间抽样。现代行动研究多借助录音、录像设备等观察和记录仪器尽量详尽地收集资料，并通过编码进行定量分析，提高行动研究的信度和效度。在特殊教育学研究领域，常采用行动研究的方法来探讨某种教育、教学策略或干预训练方法对改变儿童行为和促进儿童身心发展的实际效果。

（七）生态研究

生态研究（ecological study）是一种聚焦于儿童生存与教育环境的研究方法。在特殊教育学研究过程中，生态研究基于人们对教育的价值观念、道德规范和行为准则，着重考察有发展障碍儿童的身心状况、营养状况、父母态度、学校环境和社会支持系统等,探讨这些因素对儿童发展的影响和改变环境的可能性。生态研究能帮助教师根据学生所处的客观环境和发展水平来制定个别化教育计划,配合生存和教育环境来促进特殊儿童的发展,最大限度地发挥特殊儿童适应环境的学习潜能。生态研究也是特殊教育学研究中常用的一种方法。

第七章　特殊教育学支持保障体系

特殊教育学作为一个新兴的交叉学科,涉及人文、社会科学和自然科学领域,需要基础学科与前沿学科的支撑。同时,作为教育学的重要组成部分,特殊教育学的发展需要良好的社会环境和强有力的支持保障体系。本章将从政策法规、师资队伍建设与专业支持、信息化建设和社会支持等角度探讨特殊教育学支持保障体系的构建与完善。

第一节　特殊教育立法与政策支持

法律法规是特殊教育发展的根本保证,残疾人平等受教育的权利有赖于相关法律法规的保障。构建和完善特殊教育的法律法规,是世界发达国家与地区特殊教育发展的共同特点。目前,我国特殊教育法律法规体系还不够完善,已有的涉及残疾人特殊教育的法律法规条款大多是原则性表述,缺乏针对性、操作性、强制性的条款。因此,研究、出台适合我国国情的专项《特殊教育法》,通过实施新修订的《残疾人教育条例》来明确各级政府和相关部门的责任,规定特殊教育的经费、拨款、专业人员的资质等相关问题,是我国特殊教育发展中亟待解决的问题。

一、特殊教育法律法规的国际比较

近百年来,为了推行教育平等,维护和保障特殊儿童接受教育的权利,一些特殊教育发达的国家和地区采用了特殊教育专项立法的手段来实现现代特殊教育的理念,明确相关政府部门、学校和儿童家长等的责任,为特殊教育提供必要的支持与保障。

（一）美国的特殊教育立法

在美国特殊教育的发展过程中,立法起了非常重要的作用。1975年,美国公布了《所有残疾儿童教育法》,使美国特殊教育进入了一个新的发展阶段。该法案首次提出针对3岁到21岁的全体残疾儿童提供特殊教育与相关服务。四十多年来,该法经多次修订和补充,相关服务内容不断扩展。例如,在此基础上,制定了《聋人教育法案》《盲人教育法案》等。1997年修订的《障碍者教育法案》修正案中,特别强调州政府与地方政府应加强教育、医疗、社会服务等支持网络的建立,相关专业人员、教师与家长彼此合作,以团队的方式来服务特殊儿童。依照2004年修订的《障碍者教育促进法》,特殊教育相关服务是指为了帮助障碍儿童从教育中受益,依据障碍儿童的需求,为其提供的发展性、矫正性和支持性服务。服务内容主要包括听力学、言语语言病理学、心理治疗、物理治疗、作业治疗（包括治疗性的休闲娱乐）、学校社会工作、咨询（包括康复咨询）、定向与移动以及医疗服务（包括诊断性和评估性的医疗服务）等。更为重要的是,通过法律的实施,美国社会达成了共识,即所有儿童都有权利接受良好的教育,所有儿童都有权利进入公立普通学校学习,所有儿童的教育需要都应该得到满足。①

（二）英国的特殊教育立法

20世纪70年代,英国的特殊教育得到了快速发展。英格兰和威尔士1970年颁布的《教育法》要求地方教育当局负责对包括残疾儿童在内的所有儿童进行教育。英国1976年修订的《教育法》明确对残疾儿童进入普通学校受教育的权利予以立法保障。英国1978年

---

① 肖非. 美国特殊教育立法的发展:历史的视角[J]. 中国特殊教育,2004(5):91-94.

发布《沃纳克报告》，专辟一章论述特殊儿童的医疗与社会服务，要求医疗部门及学校为障碍程度复杂、严重的特殊儿童提供便捷、适当的医疗服务，建议学校应配备专门的医生与护士；医学专业人士包括儿科医生、儿童及青少年精神科医生、牙科医生、护士、言语治疗师、物理治疗师、职业治疗师等。2011年3月，英国教育部发布《特殊教育绿皮书》，提出施行将教育、医疗与社会照料融为一体的单一程序评估计划，对特殊教育及相关服务进行了进一步整合；2013年2月通过的《儿童与家庭法案》对上述计划的实施进行了更为详尽的规定。

（三）日本和韩国的特殊教育立法

日本除了通过宪法、《教育基本法》《学校教育法》《学校教育法施行令》《学校教育法施行细则》等对特殊儿童的教育问题进行规定之外，还制定了《心身障碍者对策基本法》（1970颁布，1993年修订，现更名为《障碍者基本法》）、《儿童福利法》《老人福利法》《障碍者福利法》《国民年金法》等直接涉及残疾人生活、工作、教育、健康等问题的法律法规。

从2001年到2013年，日本21世纪特殊教育调查研究协作小组曾多次发表研究报告。这些报告回顾了日本特殊教育的发展情况，针对特殊教育需要儿童教育条件的改善和就学指导存在的问题，明确地提出21世纪特殊教育的发展方向是实施特别支援教育。

韩国在1977年颁布了《特殊教育促进法》。1974年，韩国在小学里首批设立了150个特殊班，到1997年已增加到3626个。从1986年开始，中学也新建了许多特教班。《特殊教育促进法》于1997年进行修订，并入《特殊教育法》。该法律明确规定：残疾儿童有权利进入普通学校接受一体化教育。韩国1997年还通过《残疾公民能力促进法》，对障碍者的教育、医疗、福利和职业教育等问题做出了明确的规定，并成立全国残障者教育和福利政策委员会，建立服务于残障者一生的网络支持信息平台。

(四) 加拿大的特殊教育立法

20世纪80年代,加拿大所有省区都修订了教育法案,明确规定要在公共普通教育系统中给残疾儿童提供教育机会。1988年,加拿大国会通过《加拿大多元文化法案》,承认所有加拿大国民都是社会充分和平等的参与者,重申多元文化是加拿大的基本价值,每一个加拿大公民都享有促进其原文化发展的自由,联邦政府有责任通过政府机构促进多元文化和教育的发展,各地政府必须保障不同文化背景的公民享有平等的受教育权。教育立法保障了所有加拿大公民受教育权的充分实现,促进了加拿大多元文化社会的稳定。1994年到1996年,加拿大教育部在修订《教育法》的同时,进一步修订了特殊教育的指导方针,对特殊需要学生的界定、特殊需要学生的安置、个别化教育计划的制定等问题做出了明确的规定。

二、我国特殊教育的政策法规体系

(一) 我国特殊教育立法的历史与现状

与发达国家和地区的特殊教育相关立法相比,我国还没有专项的特殊教育法,但国内相关政策法规非常重视残疾人教育问题,强调教育公平和大力发展特殊教育。

1989年国务院下发的《关于发展特殊教育的若干意见》中明确提出,卫生部门负责残疾少年儿童的残疾分类分等和检查诊断,并配合做好招生鉴定工作,对特教学校(班)的残疾少年儿童的康复医疗进行指导,同时还指出要在特殊教育学校对残疾儿童进行早期智力开发和功能训练。《中华人民共和国残疾人保障法》《中华人民共和国教育法》《中华人民共和国义务教育法》《残疾人教育条例》等多项法律、法规中也进一步明确了医疗、康复在特殊教育中的重要作用。

2009年5月,在北京召开的第四次全国特殊教育工作会议公布了由教育部、发改委、民政部、财政部、人力资源和社会保障部、卫生部、中央编办、中国残联等单位联合颁布的《关于进一步加快特殊教育事业发展意见的通知》,要求地方各级教育、民政、卫生部门和残联要相互协作,采取多种形式,在有条件的地区积极举办0—3岁残疾儿童早期干预、早期教育和康复训练机构;根据残疾学生的身心特点和特殊需求,加强教育的针对性;注重学生的潜能开发和缺陷补偿,提高残疾学生的综合素质;积极创造条件,以多种形式对重度肢体残疾、重度智力残疾、孤独症、脑瘫和多重残疾儿童少年等实施义务教育。

2010年,教育部发布《义务教育阶段盲校教学与医疗康复仪器设备配备标准》等三个教育行业标准的通知,对盲校、聋校以及培智学校医疗康复仪器设备配备提供了国家标准。该标准为后续医教结合工作的开展提供了有益的基础。为推进特殊教育的高质量发展,国家越来越重视集聚教育、民政、卫生、残联等多方力量,并在政策层面提供了良好的基础,努力实现面向全体残疾儿童的公平适当的教育。特殊教育是中国特色社会主义教育事业的重要组成部分,发展特殊教育是党和政府坚持以人为本、弘扬人道主义精神和保障人权的重要举措,是促进残疾人全面发展和实现"平等、参与、共享"目标的有效途径,对于推动教育事业科学全面发展、维护残疾人的合法权益、实现社会公平公正具有重要意义。

但也应该看到,有些法律法规条款过于原则,倡导性内容较多,操作性不够明确,在确实保障残疾人受教育权益方面力度不够。结合我国的实际情况,在特教立法的社会条件日益成熟的情况下,逐步完善我国特殊教育的法律体系,是需要深入研究和解决的问题。发达国家和地区已经建立起相对完备的特殊教育政策与法律体系,其立法历史、法律体系发展的特征与趋势等可以为我国现有的特殊教育政策与法律体系的完善提供借鉴。

(二)《国家中长期教育改革和发展规划纲要(2010—2020)》

2010年7月29日,我国政府公布了我国21世纪第一个中长期教育规划纲要——《国家中长期教育改革和发展规划纲要(2010—2020)》。该规划纲要用22章70条的篇幅,阐述了我国未来十年教育发展的总体战略、发展任务、体制改革与保障措施,是指导我国教育发展的重要文件。

该规划纲要第十章专门阐述了发展特殊教育的重要意义,明确指出要关心和支持特殊教育,提高残疾学生的综合素质,完善特殊教育体制,健全特殊教育的保障体系。

该规划纲要指出,特殊教育是促进残疾人全面发展、帮助残疾人更好地融入社会的基本途径。各级政府要加快发展特殊教育,把特殊教育事业纳入当地经济社会发展规划,列入议事日程。全社会要关心支持特殊教育。特殊教育要注重提高残疾学生的综合素质,注重潜能开发和缺陷补偿,培养残疾学生积极面对人生、全面融入社会的意识和自尊、自信、自立、自强的精神。

该规划纲要强调完善特殊教育体系和健全特殊教育保障机制:到2020年,基本实现市(地)和30万人口以上、残疾儿童少年较多的县(市)都有一所特殊教育学校;各级各类学校要积极创造条件接收残疾人入学,不断扩大随班就读和普通学校特教班规模;全面提高残疾儿童、少年义务教育普及水平,加快发展残疾人高中阶段教育,大力推进残疾人职业教育,重视发展残疾人高等教育;因地制宜发展残疾儿童学前教育;国家制定特殊教育学校基本办学标准,地方政府制定学生人均公用经费标准;加大对特殊教育的投入力度;鼓励和支持接收残疾学生的普通学校为残疾学生创造学习生活条件;加强特殊教育师资队伍建设,采取措施落实特殊教育教师待遇;在优秀教师表彰中提高特殊教育教师比例;加大对家庭经济困难残疾学生的资助力度;逐步实施残疾学生高中阶段免费教育。

(三)修订《残疾人教育条例》

2017年2月1日国务院公布修订后的《残疾人教育条例》。该条例在1994年原《残疾人教育条例》的基础上进行了大幅度的修订与补充,充分反映了我国残疾人事业与特殊教育发展的现实与需要,总结了实施《国家中长期教育改革和发展规划纲要(2010—2020)》《特殊教育提升计划(2014—2016)》与国家特殊教育深化改革实验区建设的经验。

从立法基础、指导思想、法规的权威与修改补充的内容来看,新修订的《残疾人教育条例》进一步体现了我国《教育法》《义务教育法》等相关教育法规的立法精神,是全面、具体地指导残疾人教育与特殊教育发展的专项法规。

如表7-1所示,从结构上来看,新修订的《残疾人教育条例》与1994年颁布的《残疾人教育条例》比较,虽保留了从总则到附录共9章的格局,条款也只是增加了6条,但在各章节的内容上进行了大量的修订与补充,充分体现了残疾人教育与当代特殊教育普特融合、普职融合、教康结合、早期教育与终生教育等特教理念,强调提高特殊教育的专业水平,尤其是对发展残疾人教育和特殊教育中的政府职责、发展目标、综合评估、入学安置、教学规范、师资队伍建设以及建立残疾人教育专家委员会、特殊教育资源中心等问题做出了比较具体的规定,提高了该条例的指导性和操作性。

第七章 特殊教育学支持保障体系

表 7-1 1994 年与 2017 年《残疾人教育条例》比较

1994 年《残疾人教育条例》				2017 年新修订《残疾人教育条例》			
结构	章节标题	条款	字数	结构	章节标题	条款	字数
第一章	总则	9 条	562	第一章	总则	11 条	1009
第二章	学前教育	3 条	249	第二章	义务教育	15 条	2365
第三章	义务教育	10 条	933	第三章	职业教育	4 条	367
第四章	职业教育	6 条	355	第四章	学前教育	3 条	367
第五章	普通高级中等以上教育及成人教育	6 条	303	第五章	普通高级中等以上教育及继续教育	6 条	395
第六章	教师	8 条	578	第六章	教师	7 条	1030
第七章	物质条件保障	6 条	491	第七章	条件保障	9 条	962
第八章	奖励与处罚	2 条	391	第八章	法律责任	2 条	341
第九章	附则	2 条	54	第九章	附则	1 条	88
9 章		52 条	3916	9 章		58 条	6924

具体来看,修订的内容主要体现在以下五个方面。

1. 新修订的《残疾人教育条例》基于教育公平发展的宗旨,明确地指出国家保障残疾人享有平等接受教育的权利,禁止任何基于残疾的教育歧视,特别强调保障残疾儿童的义务教育。

教育公平是教育政策的基石,也是《残疾人教育条例》的中心思想。目前,世界特殊教育可分为广义和狭义两种特殊教育。广义的特殊教育对象包括三大类:第一类是对有明显的身心发展障碍和特殊需要的残疾人的教育;第二类是对有一定的情绪和行为障碍的人群,如各种学习障碍、打架斗殴、网瘾、逃学、自杀、反社会等情绪与行为障碍者的教育;第三类是对天资优异的超常人群的教育。

后两类特殊教育在我国普通教育的实践与研究中多有涉及,一些特殊教育比较发达的地区也开始涉及各种情绪、行为障碍儿童和超常儿童的教育研究与实践,但由于我国特殊教育支持保障体系尚不完善,资源不足,分布不均,迄今为止,我国实行的主要是残疾人教育或以残疾人为主的特殊教育。目前,我国大多数地区仍在努力实现盲、聋、智障三大类残疾儿童的教育,有些地区逐步扩大到言语障碍、自闭症和多种障碍儿童的教育,只有少数地区开始探索性地开展情绪和行为障碍儿童及超常儿童的教育。新修订的《残疾人教育条例》特别强调,国家保障残疾人享有平等接受教育的权利,禁止任何基于残疾的教育歧视;同时,也明确指出,残疾人教育应当贯彻国家的教育方针,并根据残疾人身心特性和需要,全面提高其素质,为残疾人平等地参与社会生活创造条件。

新修订的《残疾人教育条例》在"义务教育"部分增加了5条条款,详细地阐述了政府、学校和儿童家长或监护人依法保障残疾儿童接受和完成义务教育的有关规定,首次在特殊教育法规中明确地提出在县级成立残疾人教育专家委员会,在特殊学校建立特殊教育资源中心,在普通学校建立资源教室,对残疾儿童、少年接受与完成义务教育的数据调查、综合评估、教育安置、学籍管理,保障残疾儿童、少年接受和完成义务教育的实施路径等做出了明确的规定。第一,要求通过调查研究,科学、准确地掌握地区残疾儿童的数据,为实现残疾儿童义务教育"零拒绝"提供科学依据。例如,第十五条规定,县级人民政府教育行政部门应当会同卫生行政部门、民政部门、残疾人联合会,根据新生儿疾病筛查和学龄前儿童残疾筛查、残疾人统计等信息,对义务教育适龄儿童、少年进行入学前登记,全面掌握行政区域内义务教育适龄儿童、少年的数量和残疾情况。第二,要求县级人民政府应当根据行政区域内残疾儿童、少年的数量、类别和分布情况,统筹规划,优先在部分普通学校建立特殊教育资源教室,配备必要的设备和专门从事残疾人教育的教师及专业人员,指定其招收残疾儿童、少年接受义务教育;应当为实施义务教育的特殊教育学校配备必要的残疾人教育、教学、康复评估和康复训练等仪器设备,并加强九年一贯制义务教育特殊教育学校建设。第三,"义务教育"一章强调融合教育,要求通过与普通学校融合教育、特殊学校就学、送教上门和远程教育等多种途径,妥善解决残疾儿童接受和完成义务教育的问题。例如，第十七条规定，适龄残疾儿童、少年能够适应普通学校学习生活、接受普通教育的，依照《中华人民共和国义务教育法》的规定就近到普通学校入学接受义务教育；学习上需要特别支持的，根据身体状况就近到县级人民政府教育行政部门在一定区域内指定的具备相应资源、条件的普通学校入学接受义务教育；不能接受普通教育的，由县级人民政府教育行政部门统筹安排进入特殊学校接受义务教育；需要专人护理，不能到学校就读的，由县级人民政府教育行政部门统筹安排，通过送教上门或者远程教育等方式实施义务教育，并纳入学籍管理。这些对适龄残疾儿童、少年接受义务教育的不同安置可以根据残疾儿童身心发展与教育实际情况进行动态调整。第四，"义务教育"一章还明确要求县级人民政府建立残疾人教育专家委员会对残疾儿童教育进行综合评估，提供咨询与建议。例如，第二十条对残疾人教育专家委员会的构成、工作任务和保密义务都做出了明确的规定：县级人民政府教育行政部门应当会同卫生行政部门、民政部门、残疾人联合会，建立由教育、心理、康复、社会工作等方面专家组成的残疾人教育专家委员会；残疾人专家委员会可以接受教育行政部门的委托，对适龄残疾儿童、少年的身体状况、接受教育的能力和适应学校学习生活的能力进行评估，提出入学、转学建议，对残疾人义务教育问题提供咨询，提出建议；做出的评估结果属于残疾儿童、少年的隐私，仅可被用于对残疾儿童、少年实施教育、康复；教育行政部门、残疾人教育专家委员会、学校等部门、单位的工作人员对在工作中了解的残疾儿童、少年评估结果及其个人信息负有保密义务。第五，条例对义务教育阶段残疾儿童、少年的入学转学、学籍管理、编班形式、课程设置、个别化教育方案制定等具体的教育教学程序做出了明确的规定。例如，第二十一条规定了残疾儿童、少年入学与转学的申请与决定程序；第二十二条、二十三条规定了随班就读、专设特教班以及课程设置方案、课程标准与教材等问题；第二十四条、二十五条要求针对残疾儿童、少年的身心特性和需要进行分类教学,实施个别教学,还规定了与教学密切相关的课程标准、教材审定等问题。第六,为了加强对残疾儿童、少年义务教育的指导,"义务教育"一章还对特殊教育资源中心的设施和工作任务做出了明确的规定。例如第二十六条指出,县级人民政府教育行政部门应当统筹安排支持特殊学校建立特殊教育资源中心,在一定区域内提供特殊教育指导和支持服务。特殊教育资源中心可以受教育行政部门的委托承担以下工作:(一)指导、评价区域内的随班就读工作;(二)为区域内承担随班就读教育教学任务的教师提供培训;(三)派出教师和相关专业服务人员支持随班就读,为接受送教上门和远程教育的残疾儿童、少年提供辅导和支持;(四)为残疾学生父母或者其他监护人提供咨询;(五)其他特殊教育相关工作。可见,新修订的《残疾人教育条例》总结和吸收了实施第一期特殊教育提升计划和国家特殊教育改革实验区建设的经验,将一些地方性的行之有效的特殊教育政策、措施上升为国家的法规。

2. 新修订的《残疾人教育条例》根据当代世界特殊教育的发展趋势,结合我国的实际情况,明确地提出了发展特殊教育的指导方针和贯彻融合教育的理念,规定了各级政府发展残疾人教育与特殊教育的责任与义务。

新修订的《残疾人教育条例》"总则"中明确指出,国家要发展残疾人教育事业。该条例要求学校教育、家庭教育、社会教育相互配合,强调融合教育、早期教育、职业教育、终生教育以及预防为主、"教康结合""医教结合"等现代特殊教育理念。新修订的条例比较明确地规定了各级政府教育、民政、卫生、残联等相关部门和组织在促进残疾人教育发展中的责任与义务:国务院教育行政部门主管全国残疾人教育工作,统筹规划、协调管理全国残疾人教育事业;国务院其他有关部门在国务院规定的职责范围内负责有关的残疾人教育工作；县级以上地方人民政府行政部门主管本行政区域内的残疾人教育工作；县级以上地方人民政府其他有关部门在各自的职责范围内负责有关的残疾人教育工作。此外，新修订的条例还明确要求学前教育机构、各类学校、其他教育机构、残疾儿童父母或其他监护人以及全社会，依照条例以及国家有关法律、法规的规定，尊重和保障残疾人接受教育的权利，支持和帮助残疾人平等接受教育、融入社会。条例还在"附则"中对"融合教育"的概念进行了明确的界定：融合教育是指将残疾学生最大限度地融入普通教育。

新修订条例"学前教育"一章对残疾儿童的早期融合教育、残疾幼儿教育与保育、康复结合、医教结合等问题进一步做出了明确的规定。例如，条例要求各级人民政府应当积极采取措施，逐步提高残疾幼儿接受学前教育的比例；县级人民政府教育行政部门、民政部门等有关部门应当支持普通幼儿园创造条件招收残疾幼儿，支持特殊教育学校和具备办学条件的残疾儿童福利机构、残疾儿童康复机构等实施学前教育；招收残疾儿童的学前教育机构应当根据自身条件配备必要的康复设施、设备和专业康复人员；卫生保健机构、残疾幼儿学前教育机构、儿童福利机构和家庭，应当注重对残疾幼儿的早期发现、早期康复和早期教育。

新修订条例"职业教育"一章，明确提出了残疾人职业教育的总体规划、普特融合的指导思想以及产学结合的实施途径。例如，第二十七条明确指出，应该大力发展中等职业教育，加快发展高等职业教育，积极开展以实用技术为主的中期、短期培训，以提高就业能力为主，培养技术技能人才并加强对残疾学生的就业指导。第二十八条规定，残疾人的职业教育由普通职业教育机构和特殊职业教育机构实施，以普通职业教育为主。第三十条规定，实施残疾人职业教育的学校和培训机构，应当根据社会需要和残疾人的身心特征合理设置专业，与企业合作设立实习、实训基地，或者根据教学需要和条件办好实习基地。

新修订条例"普通高级中等以上教育及继续教育"一章,再次强调保障残疾人接受教育的权利,提高残疾人受教育的水平,对残疾人的中等教育、高等教育、继续教育以及扫盲教育等问题做出了明确的规定。例如,第三十六条要求,县级以上人民政府教育行政部门以及其他有关部门、学校,应当充分利用现代信息技术、远程教育等方式为残疾人接受高等教育、高等教育自学考试等提供便利和帮助,根据实际情况开设适合残疾人学习的专业、课程,采取灵活开放的教学和管理模式,支持残疾人顺利完成学业。

3. 新修订的《残疾人教育条例》特别强调了包括政策支持、财政支持、专业支持、社会支持等在内的残疾人教育与特殊教育支持保障体系的建立、完善与巩固。

支持保障体系建设是以组织变革为主要特征的制度建构和体系建制。为了建立、完善和巩固残疾人教育支持保障体系,新修订的《残疾人教育条例》第七章"条件保障"对残疾人教育支持保障体系的建构做了明确的规定。首先,条例强调要制定各地区的残疾人教育拨款标准。例如,第四十七条要求各级政府根据残疾人教育的特殊情况,依据国务院行政主管部门的指导性标准,制定本行政区域内特殊教育学校的建设标准、经费开支标准、教学仪器设备标准等;义务教育阶段普通学校招收残疾学生,县级人民政府财政部门及教育行政部门应当按照特殊教育学校生均预算内公用经费标准足额拨付费用。其次,条例从政府预算、专款补助、教育附加费、残疾人就业保障金等多重途径明确了残疾人特殊教育经费的来源与渠道。再次,要求政府提供必要的教育、教学、康复办学条件,设置无障碍校园,改善残疾人的教育环境。如第四十九条规定,县级以上政府要根据残疾人教育发展的需要统筹规划、合理布局,设置特殊学校,并按照国家有关规定配备必要的残疾人教育教学、康复评估和康复训练等仪器设备;第五十条规定,新建、改建、扩建的各类学校应当符合《无障碍环境建设条例》的要求;第五十五条规定,县级以上人民政府及其有关部门应当采取优惠政策与措施,支持研究、生产残疾人教育教学专业仪器设备、教具、学具、软件及其他辅助用品,扶持特殊教育机构兴办和发展福利企业和辅助性就业机构。最后是对残疾学生费用减免、支持残疾学生报考等问题做出了明确的规定。例如,第五十一条规定,招收残疾学生的学校对经济困难的残疾学生,应当按照国家有关规定减免学费和其他费用,并按照国家资助政策优先给予补助;国家鼓励有条件的地方优先为经济困难的残疾学生提供免费的学前教育和高中教育,逐步实施残疾学生高中阶段免费教育。第五十二条规定,残疾人参加国家教育考试,需要提供必要支持条件和合理便利的,可以提出申请;考试机构、学校应当按照国家有关规定提供帮助和便利。

总之,新修订的《残疾人教育条例》对残疾人教育的政策支持、经费保障、专业指导、入学评估,包括报考权、教育培训权、就业安置权等问题都做了比较明确的规定。

4. 新修订的《残疾人教育条例》阐述了特殊教育教师教育和培训以及提高特殊教育教学质量的重要性,对特殊教育教师从业资格、教师编制、提高待遇等问题做出了比较明确的规定。

新修订的《残疾人教育条例》充分认识到特殊教育教师的专业水平与能力是直接影响特殊教育质量的关键因素,在"教师"一章中对特殊教育教师的编制标准、师资培养(培训)、从业资格与标准、教育教学专业水平等问题,做出了明确的规定。一是督促各级政府重视特教教师的培养、培训工作,改善他们的工作与学习环境,逐步提高他们的地位和待遇,改善他们的工作环境和条件,鼓励教师从事残疾人教育事业;县级以上人民政府可以采取免费教育、学费减免、助学贷款代偿等措施,鼓励具备条件的高等学校毕业生到特殊教育学校或其他特殊教育机构任教;国务院教育行政部门和省、自治区、直辖市人民政府应该根据残疾人教育发展需要,有计划地举办特殊教育师范院校,支持普通师范院校和综合性院校设置相关院系或者专业,培养特殊教育教师;普通师范院校和综合性院校的师范教育专业应当设置特殊教育课程,使学生掌握必要的特殊教育基本知识和技能,以适应随班就读的残疾学生的教育、教学需要。二是对从事残疾人特殊教育的教师的任职资格、专业能力提出了明确的要求。例如,第四十一条要求,从事残疾人教育的教师应当热爱残疾人教育事业,具有社会主义人道主义精神,尊重和关爱残疾学生,并掌握残疾人教育的专业知识和技能;第四十二条要求特殊教育教师应该依据《中华人民共和国教师法》的规定取得教师资格,从事听力残疾人和视力残疾人教育的专任教师,应当达到国家规定的手语和盲文等级标准。三是责成各级政府制定特殊教育教职工的编制标准。例如,第四十三条规定,省、自治区、直辖市人民政府可以根据残疾人教育发展的需求,结合当地实际为特殊教育学校和指定招收残疾学生的普通学校制定教职工编制标准;县级以上人民政府教育行政部门应当会同其他有关部门,在核定的编制总额内,为特殊教育学校配备承担教学、康复等工作的特殊教育教师和相关专业人员,在指定招收残疾学生的普通学校设置特殊教育教师等专职岗位。四是强调落实特教津贴,提高特教人员待遇。例如,第四十六条明确规定,特殊教育教师和其他从事特殊教育的相关专业人员根据国家有关规定享受特殊岗位补助津贴及其他待遇;普通学校教师承担残疾学生随班就读教学、管理工作的,应当将其承担的残疾学生教学、管理工作纳入其绩效考核内容,并作为核定工资待遇和职务评聘的重要依据;县级以上人民政府教育行政部门、人力资源社会保障部门在职务评聘、培训进修、表彰奖励等方面,应为特殊教育教师制定优惠政策,提供专门机会。

5. 新修订的《残疾人教育条例》强调了对条例执行的保障与监

督,对法律与责任问题做出了明确的规定,明确地将特殊教育正式列入我国义务教育、学前教育的督导体系,并鼓励深入开展特殊教育的科学研究。

为了有效贯彻《残疾人教育条例》,切实促进特殊教育的发展,提高特殊教育的质量,新修订的《残疾人教育条例》用"法律责任"专章代替了原来的"奖励与处罚",对违反条例的各级政府、有关单位和个人规定了限期改正、通报批评和依法处理等管理方法。尤其是对拒绝招收符合法律、法规规定条件的残疾生入学的,歧视、侮辱、体罚残疾学生,或者放任对残疾学生的歧视言行,对残疾学生造成身心伤害的,未按照国家有关规定对经济困难的残疾学生减免学费或者其他费用的各级人民政府和有关单位,要进行问责与依法处理。

总的来看,新修订的《残疾人教育条例》充分反映了近二十年来我国残疾人事业与特殊教育发展的现实需要,总结了我国实施《国家中长期教育改革和发展规划纲要(2010—2020)》和"十二五"期间残疾人事业与特殊教育发展的经验,其科学性与可行性在实施《特殊教育提升计划(2014—2016)》与国家特殊教育深化改革实验区建设的进程中得到了充分的验证。新修订的条例体现了融合教育、早期教育、系统教育、终生教育以及预防为主、"教康结合""医教结合"等现代特殊教育理念,强调了各级政府在发展残疾人教育、建立和完善特殊教育支持保障体系方面应当承担的责任和义务,指明了我国特殊教育发展的方向。

通过对照比较,可以发现,从立法基础、指导思想与权威性来看,新修订的《残疾人教育条例》在《中华人民共和国残疾人保障法》的基础上,进一步体现了我国《教育法》《义务教育法》等国家有关教育法规的立法精神,是现阶段指导我国特殊教育发展的最明晰、最具体、最高层次的法律法规。新修订的《残疾人教育条例》能够有效地发挥专项特殊教育法的法规效能,推进我国特殊教育事业的发展。

(四) 实施第一期与第二期特殊教育提升计划

1. 实施第一期特殊教育提升计划

2014年是我国特殊教育发展史上具有里程碑意义的一年。1月8日,国务院办公厅下发了《关于转发教育部等部门〈特殊教育提升计划(2014—2016)〉的通知》,明确了我国特殊教育事业发展的目标与任务,指明了特殊教育事业发展的方向,对未来三年全国特殊教育工作进行了全面的部署。第一期特殊教育提升计划是新中国成立以来最清晰地提出我国特殊教育发展总体思路和推进策略的文件,是落实《国家中长期教育改革和发展规划纲要(2010—2020)》的重要举措。

《特殊教育提升计划(2014—2016)》明确指出,我国必须全面推进全纳教育,使每一个残疾儿童、少年都能接受合适的教育;经过三年努力,建立健全以财政为主、社会支持、全面覆盖、通畅便利的特殊教育服务保障机制,基本形成政府主导、部门协同、各方参与的特殊教育工作格局。到2016年,全国基本普及残疾儿童、少年义务教育,视力、听力、智力残疾儿童、少年义务教育入学率达到90%以上,其他残疾人受教育机会明显增加,义务教育阶段特殊学校生均预算内公用经费标准达到每年6000元的标准。为了对我国特殊教育发展中的重点、难点问题进行深入研究,2015年初,教育部确定37个市(州)、县(区)为国家特殊教育深化改革实验区,围绕随班就读、医教结合、送教上门三个专题进行特殊教育改革实验。

三年的实践表明,第一期特殊教育提升计划的实施和国家实验区建设卓有成效,实现了预期的总体目标,基本上完成了三个重点任务。一是残疾儿童、少年接受义务教育的人数大幅度增加,从2013年到2016年间,特殊学校从1933所增加到2053所,在校接受特殊教育的学生人数从368100人增加到442200人,全国残疾儿童、少年义务教育阶段的入学率基本上达到90%,国家实验区的入学率超过这个比率,有的实验区基本上达到普通儿童义务教育的入学水平。二是初步建立了现代特殊教育的理念,形成"办好特殊教育"的共识。特教实验区共出台了150多份地方性文件,建立了发展特殊教育的规章制度,形成了政府主管、部门协作的工作格局。三是特教发展得到了地方政府的高度重视和大力支持,各级政府大幅度增加了资金投入,特殊学校和实施融合教育普通学校的办学条件明显改善,大多数实验区开始着手建设特教资源中心、指导中心和资源教室,落实了特教发展专项经费。四是按照教育部颁布的特殊教育师资标准,加强了师资队伍建设和专业人员培训,基本落实了特殊教师的特教津贴。五是重视特教的内涵发展,通过实施三类特殊学校的课程标准,提高教育教学质量。六是加强顶层设计,建立与完善区域性特殊教育信息平台,全方位推进区域性特殊教育支持保障体系的建设,开始形成布局合理、学段衔接、普职融通、"医教结合"、送教上门的特殊教育支持保障体系。

第一期特殊教育提升计划实施过程中也存在一些有待于进一步解决的问题,主要是各级政府在推动普特融合、普职融合,建立资金投入的长效机制,以及普特综合评估与督导等方面没有完全到位的问题,需要通过实施第二期特殊教育提升计划来加以解决。

2. 实施第二期特殊教育提升计划

《特殊教育提升计划(2017—2020)》和第一期特殊教育提升计划基本一致,但第二期提升计划明确阐述了两期特殊教育提升计划之间的衔接和递进,特别强调了特殊教育体系、康复服务体系、特教发展支持保障体系以及运行机制的完善问题。

第二期特殊教育提升计划的总体目标和重点任务中增加了发展特殊教育的四项基本原则:一是坚持普特结合,再推进普特融合;二是坚持尊重差异,多元发展;三是坚持普惠加特惠,特教特办;四是政府主导,多方参与。这四项基本原则进一步明确体现了现代特殊教育发展的融合教育、因材施教、特教特办和政府主导的发展方向。

实施措施是第二期特殊教育提升计划的主体部分,共包括六条主要措施。一是提高义务教育的普及水平,要求精准核实未入学适龄儿童少年的数据,通过不同的方式落实"一人一案",将残疾儿童、少年义务教育入学率提高到95%以上。二是加强包括学前阶段、高中与中等职业教育阶段、高等教育阶段在内非义务教育阶段的教育,加强职业指导,多种形式开展残疾青壮年文盲扫盲工作。三是健全特殊教育经费保障机制,要求在落实义务教育阶段特教学校学生预算内公用生均经费6000元的基础上,适当增加年度预算,设立特教专项补助资金,鼓励引导社会力量办学。四是健全特殊教育专业支撑体系,包括成立残疾人教育专家委员会,健全残疾儿童入学评估机制,建立特殊教育资源中心,加强学校、家庭、社会之间的合作、信息交流和教育资源共享。五是加强专业化特殊教育队伍建设,加大特殊教育专业招生和专业人才培养,支持有条件的高校加强学前、高中及职业教育的特教师资培养和各级教师培训,制定特殊学校教职工编制标准,落实特教津贴等工资倾斜政策,改善特殊教育教师的工作与生活环境。六是大力推动特殊教育课程教学改革,依照2016年年底新公布的盲、聋和培智学校课程标准编写各科教材,研制多重残疾、孤独症等障碍学生的课程指南,加强学前、高中及职业教育课程资源建设,推行差异教育和个别教学,探索适合残疾学生发展的考试评价体系,保证评价的科学性、规范性和独立性。

在组织实施部分,强调了如下四个方面:一是加强领导,要求各地高度重视第二期特殊教育提升计划实施方案的编制与实施;二是深化体制机制改革,加强省级统筹,加大对贫困地区和特殊教育薄弱环节的支持力度,健全多部门协调联动的特殊教育推进机制;三是营造关心和支持特殊教育的氛围,广泛宣传实施特殊教育提升计划的意义,动员社会各界关心和支持特殊教育;四是加强督导检查,要求各级政府对特殊教育进行专项督导检查和问责机制,将目标任务和政策措施落实情况纳入地方各级政府工作实绩的考核指标,国务院教育督导部门适时组织特殊教育专项督导。

第二节 特殊教育师资与专业支持

特殊教育是一门专业性很强的学科,特殊教育的发展需要构建与完善专业性的支持保障系统。特殊教育师资队伍建设和不同层次专业人才培养是特殊教育支持保障体系的重中之重。高质量的特殊教育师资队伍建设是我国特殊教育发展需要继续解决的问题。

一、特殊教育师资队伍建设的挑战

特殊儿童是学习困难群体,特殊教育工作艰巨,使得许多国家和地区对特殊教育教师提出了比同等级普通教育教师双证书资格更高的要求。加强特殊教育师资的职前教育和职后培养是师资队伍建设的重要任务。一般来讲,职前教育主要涉及培养标准、课程设置、培养途径、人文科学素质、知识基础、教育教学能力,职后培训多涉及知识的更新,教育、教学与科研能力的提升。

高水平的特殊教育师资队伍是保障高水平特殊教育的重要条件,中国作为人口大国,残疾人数量众多,满足如此庞大的残疾人群体的教育需求是一个巨大的挑战,特殊教育师资数量不足、专业水平不高是当前我国特殊教育发展中面临的普遍问题。特别是在一些经济发展比较滞后的地区,特殊教育师资队伍的专业化发展问题就更为突出。

二、我国特殊教育师资队伍现状

特殊教育师资有广义和狭义两种界定。广义的特殊教育师资包括在高等院校或科研单位培养特殊教育专业人员的教师,以及在基层学校直接从事特殊儿童教育工作的一线教师。狭义的特殊教育师资主要是指在特殊教育学校从事特殊教育的教师和在普通学校从事融合教育或随班就读工作的特殊教育工作师资。

(一) 特殊教育学校师资队伍现状

特殊教育学校的教师,主要是指在各类特殊教育学校从事特殊教育的一线教师。根据"中国特殊教育教师专业发展状况调查"课题组对国内9省(自治区、直辖市)四类(盲校、聋校、培智学校、综合特校)共126所特殊教育学校3485名专任特教教师的抽样调查结果,全国特殊教育学校教师的基本情况如下。[①]

(1) 教师性别比例差异明显。男教师约占专任教师总数的26.2%,女教师占73.8%。男教师比例远远低于普通中小学男教师的比例(45.4%)。

(2) 中青年教师占主体,不同地区学校教师年龄结构趋于稳定。中青年教师(25—55岁)占教师整体人数的77.8%,25岁以下的青年教师占5.5%。

(3) 教师教龄分配总体比较合理,有经验的教师占主体。从总体情况来看,6—20年教龄的教师占教师总体人数的一半以上(56.8%),教龄在20年以上的资深教师比例为28.7%,1—5年的新教师占14.5%。但不同地区和学校有一定的差别,在经济欠发达地区,20年教龄以上的资深教师比例只有7.2%。

(4) 教师学历以本科居多,学位拥有率较低。特殊教育学校教师

---

① 杨广学,杨福义,谭和平,等.中国特殊教育教师专业发展状况调查与政策分析报告[M].上海:华东师范大学出版社,2014:25.

本科学历占 56.6%,研究生学历只占 3.1%。教师学历水平存在明显的地区差异,发达地区本科学历以上的教师占 68.3%,学位拥有率达到 33.8%,而欠发达地区本科学历以上教师的比例只达到 42.7%,学位拥有率只达到 17.5%。

(5) 学科教师占主体,但不同地区有一定差异。从教师的结构来看,承担学科教学为主的学科教师占 65.4%,专业教师占 28.3%,康复教师占 3.3%,生活教师占 2.1%,资源教师与巡回教师占 9%,但发达地区学科教师的比例明显偏高,占 73.8%,欠发达地区康复教师的比例偏高,占 6%。

(6) 教师普遍拥有初级和中级职称,职称晋升与教龄相关密切。从总体情况来看,初级职称占 32.9%,中级职称占 51.6%,高级职称占 7.5%,没有职称的占 6.9%。

(7) 特殊教育学校教师专业来源多元化,但部分专业教师短缺。具体地看,特殊教育、小学教育、学前教育、中文、教育学等专业所占比例较高。最初专业与最后专业之间有一定的变动,中文、教育管理专业的人数明显上升,而特殊教育、小学教育专业的人数明显下降(见表 7-2)。统计资料还进一步显示,具有心理学、康复医学等相关学科专业背景的教师严重不足。

表 7-2 特殊教育学校教师专业变动情况(%)

	最初专业	最后专业		最初专业	最后专业
特殊教育	29.70	11.50	数学	2.00	2.30
小学教育	21.00	14.60	临床医学	1.80	1.30
艺术	6.10	5.30	心理学	1.70	1.90
中文	5.20	23.80	康复学	0.90	0.40
学前教育	5.00	2.00	社会工作	0.50	0.40
教育学	3.70	6.60	教育管理	0.40	8.45
体育	3.30	2.60	运动康复	0.20	0.10
计算机	2.20	2.50	其他	16.60	16.55
英语	2.20	2.40			

(二)随班就读特殊教育师资队伍现状

随班就读是我国开展融合教育的起点。根据教育部 2009 年的数据,在普通中小学随班就读的残疾儿童占在读残疾儿童总人数的 64%。但是,我国随班就读特教师资无论是在职前培养还是职后培训阶段,都存在专业知识不足、专业能力偏低的现象,严重影响随班就读与融合教育的质量。

特殊教育师资专业准备不足,近一半的特教师资在从业之前并未修读特殊教育。为了弥补特殊教育师资队伍职前教育的严重缺失,2010 年中央财政拨款 5.5 亿元,全面实施"中小学教师国家级培训计划",也把特殊教育列入"国培"计划,对特殊教育学校的校长、教师等专业人员进行职后培训。

"中国特殊教育教师专业发展状况调查"课题组对在职特殊教育师资参加进修、培训、教研等专业发展的相关情况进行了调查研究。其研究结果如下。[①]

1. 从在职培训的主办单位与培训层次来看,大多数在职教师是接受区县级、校级教师培训,如当地教育学院/教育进修学校(51.4%)、本校(44.4%)和上级教育管理部门(41.9%)主办的培训,接受国家级、省级与地市级培训较少,只有一部分教师接受高等师范院校(33.1%)和专门技能培训机构(29.9%)的培训,还有 5.1% 的教师没有接受过任何培训。

2. 从培训类型、形式和效果来看,培训项目涉及校本培训、教育技术培训、新课程培训、班主任培训、岗位/职务培训、新任教师培训、骨干教师培训、海外培训等多种类型,培训的形式绝大部分是专家教授讲课(73.2%),其次是学科、教学专题研讨(42.6%)、实地考察观摩(31.4%)、开展课题研究(28.8%)、名师带教示范(22.7%)、案例

---

① 杨广学,杨福义,谭和平,等.中国特殊教育教师专业发展状况调查与政策分析报告[M].上海:华东师范大学出版社,2014:55-73.

讨论分析（17.9%）、互联网培训（14.6%）、专家指导下的自学（5.7%）和专家带教（2.1%）等多种形式。

3. 从培训的内容需求和效果来看，绝大多数教师对培训的效果表示认可，只有少数（5%）教师认为培训对他们的工作没有什么帮助。但教师反映培训内容中关于现代科技、教育科学研究及学科教学的内容较少，更多的是思想教育、师德修养教育和基本概念的培训。他们希望今后的教师培训中增加针对学生的不同需要进行教学设计、所教学科专业知识、与教学有关的信息技术应用、学生心理发展特点、教学法、国家课程标准等方面的内容。培训形式更多地采用实地考察、名师带教示范、专家讲课讲座、学科专题研讨等形式。

4. 特殊教育教师最需要的培训时间是1—3年（43.5%）、3—5年（38.5%）。这说明教师希望有较长时间的专业培训和学历培训。对特殊教育师资专业发展产生影响的人群主要是经验丰富的教师（24.6%）、学校领导（20.3%）、学生（17.7%）、校外专家（16.3%）、所在学科组的同事（14.3%）、所在年级组的同事（12.5%）、校外同行（10.2%）和学生家长（7.6%）。

从相关研究可以看出，特殊教育师资队伍，无论是特殊学校的教师还是在普通学校从事特殊教育的教师，在职前培训和职后培训两个阶段都存在专业知识不足、专业能力不强的问题，大部分教师必须通过在教育教学实践中总结经验来解决问题。同时，教师培训已经成为促进教师专业发展的重要举措，需要逐步将教师培养与培训工作纳入资格论证制度。

（三）特殊教育教师标准研究

借鉴发达国家和地区特殊教育教师队伍建设的经验，研制特殊教育专业人员（主要是特殊学校教师和普通学校资源教师）的入职标准、岗位职责标准，是近年来特殊教育发展中特别重要的课题之一。

1. 国外特殊教育师资专业标准

专业认证是现代教育发展的趋势。随着普特融合的发展,在特殊教育比较发达的国家和地区,建立严格、细致、结合实际的特殊教育教师专业标准,是保障特殊教育质量、提高特殊教育水平的重要举措。例如,美国实行严格的特殊教育教师资格认证制度并有严格的认证标准。美国特殊儿童委员会(The Council for Exceptional Children,CEC)在2016年发布了第七版《特殊教师培养和资格证书的国家标准》,从伦理标准、从事特殊教育工作的共同标准和各类特殊教育专业标准三个维度,规定特殊教育教师必须掌握的共同核心知识、知识技能和教授不同类型特殊儿童需达到的标准,并把特殊教育师资划分为初级(入职要求)和高级两个层次。初级入职标准为:第一,具有大学学士学位,修满师范教育规定的教师课程,获得教师证书,即具有普通教师资格;第二,具备CEC规定的应该掌握的特殊教育的共同核心知识与技能和在特定领域和年龄段从事特殊教育工作的专业知识与技能;第三,至少当一年的辅导教师,每年至少参加25小时的专业继续教育,不断更新知识。高级特殊教育教师培养一般要通过研究生学习来达到,基本要求是:具有领导能力,政策发展、规划和组织、调查、研究能力,评价、合作等能力,成为特殊教育管理、诊断、评估及分类教育教学等方面的专家。

英国没有专门培养教师的师范院校,更没有培养特殊教育教师的特殊师范学校。为了保证普通学校培养特殊教育师资的能力,英国政府要求所有获得教师证书的教师都必须学习大学教育学院规定开设的特殊教育课程,即无论是普通教师还是特教教师都必须具备一定的特殊教育知识;同时,要求专门从事特殊教育的教师具有特殊教育证书。简言之,英国是实行普通教育师资证书+特殊教育师资证书的专业标准。这种普通教育师资深入特殊教育的发展有利于推行普特融合。

日本的特殊教育师资主要由普通大学培养。从1951年东京大学最先开设特殊教育专业以来,日本已经有100多所大学承担各类特殊教育师资的培养任务。[①] 日本特殊教育师资是实行资格准入和资格等级相结合的资格认定制度。根据1989年修订的《教师执照法》与1990年颁布的《教师执照法实行细则》的有关规定,特殊教育师资除了修满普通学校教师证书规定的课程之外,还要修满相关特殊教育领域规定的学分。为保证特殊教育教师的质量,要获得特殊教育许可证书须通过严格的笔试、口试和实践操作能力的检验和审定。日本特殊教育师资证书分初、中、高三级,分别与"短期大学毕业""大学学士学位""大学硕士学位"以及"二级许可证""一级许可证""专修许可证"相对应。

俄罗斯特殊教育师资培养执行中央政府《学校示范章程》和有关条例的规定,要求特殊教育教师达到国家高等教育委员会设定的特殊教育专业(盲障教育、聋障教育、智力落后教育、言语障碍教育、学前特殊教育、特殊儿童心理学等)高等师范毕业生必须达到的教育标准和要求才能取得专业资格证书。特殊教育专业的学习内容和技能要求都由教育部专项文件规定。[②]

总之,从特殊教育发达国家的特殊教育师资培养情况来看,当代特殊教育师资与专业人员的培养和培训都呈现出法制化、专业化、普特融合、多途径、高学历的发展趋势,为提高特殊教育的质量提供了支持与保障。

2. 我国特殊教育教师标准的研制与颁布

为促进特殊教育教师的专业发展,建设高素质特殊教育教师队伍,我国教育部于2015年8月21日公布了《特殊教育教师专业标准(试行)》。教育部明确指出,这一专业标准是国家对合格特殊教育教

---

① 吴春玉.亚洲国家特殊教师培养的特点[J].泉州师范学院学报,2001(1):78-79.
② 陈琳.发展变革中的俄罗斯特殊教育[J].中国特殊教育,2004(4):24-26.

师的基本专业要求,是特殊教育教师实施教育教学行为的基本规范,是引领特殊教育教师专业发展的基本准则,是特殊教育教师培养、准入、培训、考核等工作的重要依据。

《特殊教育教师专业标准(试行)》首先界定了特殊教育教师的概念:特殊教育教师是指在特殊教育学校、普通中小学、幼儿园等机构中专门对残疾学生履行教育教学职责的专业人员。该标准分三部分阐述了特殊教育教师专业标准的基本理念、基本内容和实施意见。

基本理念部分明确地提出了师德为先、学生为本、能力为重、终生学习等四个基本理念,强调特殊教育教师要热爱特教事业,履行特殊教育教师职业道德规范;尊重学生,为每一个学生提供合适的教育;加强自身的教育教学实践能力,做终生学习的典范。

基本内容部分从三个维度(专业理念和师德、专业知识、专业能力)和十四个领域(职业理解和认识、对学生的态度和行为、教育教学的态度与行为、个人的修养与行为、学生发展知识、学科知识、教育教学知识、通识性知识、环境创设与利用、教育教学设计、组织与实施、激励与评价、沟通与合作、反思与发展)对特殊教育的专业标准提出了具体的要求。

实施意见部分强调:一是要求各级教育行政部门要将该标准作为特教教师队伍建设的基本依据,充分发挥该标准的引领与指导作用,深化教育改革,形成科学有效的特殊教育教师队伍管理和督导机制;二是培养特教师资的高等院校要以该标准作为特殊教育培养与培训的主要依据,重视师德教育,重视理论与实践相结合,重视特教实践能力的培养;三是要求实施特殊教育的学校机构要以该标准为依据,制定教师专业发展规划,完善教师岗位职责和考核评价制度;四是要求特殊教育教师将该标准作为自身专业发展的基本依据,制定自我发展规划,增强专业发展的自觉性,逐步提升专业发展水平。

三、我国高等特殊教育的发展

基于专业化发展的特殊教育师资队伍建设和专业人员培养是保障特殊教育可持续发展和提高特殊教育质量的重要举措。几十年来,我国大力发展高等特殊教育,一方面是建设了一批专门承担残疾人高等特殊教育的院校和专业,另一方面是注重拓展残疾学生接受高等教育的渠道,为听力残疾、视力残疾学生接受高等融合教育创造条件。例如,上海市应用技术学院自2000年起举办艺术类聋生大专班,上海师范大学自2002年起为视力残疾学生开设本科教育,华东师范大学学前与特殊教育学院和上海第二工业大学分别于2004年和2006年起招收视力残疾学生。上海市在全国首创视力残疾学生在普通高校随班就读的方式,上海师范大学等高校充分利用设备、师资、专业等资源,开展融合教育。据统计,2000年至2008年,上海市聋哑青年技术学校312名高中毕业生中,有207名进入高校继续深造,入学率为66%;市盲童学校45名高中毕业生中,有43名进入高校就读,入学率达96%。此外,上海中医药大学、徐汇区业余大学、上海大学美术学院、上海电视大学等高校通过举办成人业余职业培训班、开展随班就读等方式,为盲、聋、肢体等残障人士继续深造创造条件,积极构建残疾人终生教育体系。

第三节 特殊教育信息化与资源保障

一、我国特殊教育信息化发展概况

特殊教育信息化是指针对具有特殊需求的学生,在教育各方面应用信息技术,提高康复水平,加快其融入主流社会的步伐,最终实现特殊教育现代化。

现代特殊教育的发展是高科技和人文精神相结合的产物,有身心发展障碍的特殊儿童更需要通过信息化的途径来感知理解学习内容,增加学习兴趣,提高教学效果。例如,听力障碍儿童的教学应突出视觉优势,视力障碍儿童应突出听觉和触觉优势,智力障碍儿童应增加直观教学。特殊教育需要广泛地、充分地运用信息技术,帮助学生融入主流社会,与大多数人群沟通、交流。

2003年12月,全国首届特殊教育学校信息技术教育功能工作现场与经验交流会在吉林省长春市召开,直接推动了我国特殊教育信息化进程。近年来,尤其是国家《特殊教育提升计划(2014—2016)》颁布以来,承担国家特殊教育深化改革的37个实验区所在的区县在特殊教育信息化的过程中,已经探索性地建立了一些特殊资源库软件平台,为特殊教育教师提供支持,但尚未建立起系统化、跨部门、多功能的特殊教育信息管理系统,这使得特殊儿童的早期发现、干预体系难以建立,特殊教育专业资源难以发挥最大效益。与普通教育相比,特殊教育在教育信息化的普及与深度应用等方面仍存在明显的差距。在特殊教育领域,用教育信息化带动教育现代化,加快教育信息基础设施建设,有效利用信息化技术,更好地为特殊儿童、家庭以及学校、教师提供教育公共服务,是构建和完善特殊教育发展支持保障体系中的重要环节。

一是特殊教育不再是互联网上的盲点。互联网上既有教育部、残联等政府部门建立的特殊教育网站,也有许多特殊学校建立的网站,还有相关学术团体、研究单位和特殊教育学会建立的网站。例如,中国北方特殊教育网就是全国首家能提供特殊教育资源的专业网站。

二是在执行第一期特殊教育提升计划和国家特殊教育深化改革实验区建设的过程中,有些地区已经开始建立特殊教育数据库、信息平台和网络系统。

三是完善教育信息化标准体系,保障教育信息化健康有序地发展。2017年8月,教育部科技处发布了《交互式电子白板教学功能》和《交互式电子白板教学资源通用文件格式》等行业标准。这意味着教育信息化从硬件到软件越来越规范,在特殊教育领域,教育信息化初期遇到的困难会在发展的过程中逐步得到解决。

四是各地特殊教育学校在落实新修订的《残疾人教育条例》和执行第二期国家特殊教育提升计划的过程中,通过建立特殊教育资源中心,更加集中地发挥特殊教育信息化的功能。例如,厦门市出台《关于加强普通学校特殊教育资源教室建设的通知》,对资源教室建设和运行给予补助,大力推动了学校资源教室的建设。新成立的资源中心与学校资源教室形成市、校两级特殊教育服务网络,对全面提升特殊教育保障水平具有重要意义。此外,资源中心还通过成立专家库,开设特殊教育资源网,设立热线服务、微信公众平台、特教服务工作室等方式,为教师提供教学资源和教育服务,为学生及家长提供辅导、咨询、远程教育等专业支持。

五是通过"智慧校园"建设特殊教育信息化工程。例如,湖南省湘潭市特殊教育学校依托全省教育信息化"智慧特校的建设与应用"项目试点,打造了湖南省特殊教育信息化的"特色样本",由其牵头研制的《培智学校信息技术课程标准》已通过了教育部的审议,并正式颁布。

六是将特殊教育信息化进一步融合到特殊儿童教育、康复、训练之中,例如,综合了常识、感知、记忆、注意、观察、推理、想象七项内容,每项内容都有五个阶段、七个模块的认知能力评估与训练软件,含学员档案管理、特殊障碍鉴别、综合评估鉴定、提供综合报告功能的特殊教育评估与训练管理系统,开始在特殊学校推广运用。可在教师现场授课的同时自动生成课堂教学实况录像的智能录播系统,能为教师提供强大支持的协作备课系统等,也在陆续进入特殊学校。

二、以特殊教育信息化带动特殊教育现代化

现代特殊教育的发展是高科技和人文精神相结合的产物,以特殊教育信息化促进特殊教育现代化是现代特殊教育发展的必由之路。目前,我国有2000多所特殊学校、近100所培养特殊教育师资与专业人员的高等院校,有一批残疾大学生正在大专院校或通过远程教育接受高等教育、职业教育。特殊教育信息化不仅提高了残疾学生的学习效果,而且增加了残疾学生的生活和环境适应能力。加快教育信息化进程,以特殊教育信息化带动特殊教育现代化,是推动我国特殊教育事业发展的战略选择。

为了使信息化过程在特殊教育发展支持保障体系中发挥更大的作用,还有待于加强以下几方面的工作。

一是进一步加强各级教育行政部门和广大教师对特殊教育信息化的重要性、必要性、紧迫性的认识,确立信息化指引现代化的信念。一方面,学校领导应具备现代化教育理念,能运用课程改革新理念、全面质量管理思想治理学校,积极推进课程改革;重视信息化人才培养和师生信息化实际应用能力的提高,倡导以特殊教育信息化促进特殊教育现代化;通过建设公共基础数据库,将学校的各种资源纳入数据库,优化校园信息管理系统的运行。另一方面,信息技术的发展对教师素质提出了新的挑战,要求教师具有较高的信息化素养,较好地掌握并应用信息化教育技术,将先进的教育思想、教育技术手段应用在教育教学上。

二是加强特殊教育学校和培养特殊教育师资的高等院校特殊教育信息化硬件设施建设。例如,建设好校园主干网络,提供高速、安全、可管理、具有高扩展性的网络;按"核心—汇聚—接入"三层结构设计和建设千兆高速校园网络,并为万兆校园网提供扩展基础,配备高性能的流量控制设备,为师生提供质量优良的网络出口;采用成熟

的技术构建无线校园网络环境,使得在重要但不适宜布线的建筑物内、户外空间能随时随地使用校园网络;在学校多功能厅、会议室、图书馆、阅览室、运动场等位置安装无线接入点,解决上网需求;采用虚拟局域网手段,把校园网划分为办公、教学、学生微机室、图书馆、校园广播、数字监控等虚拟网,更好地发挥学校多媒体教室、数字图书馆、电子阅览室、远程教学平台的实际效用,并提高网络安全性,减轻校园网的负担。

三是充分发挥特殊教育信息化的应用效能。例如,通过在每个普通教室配备交互式多媒体教学系统,安装网络终端、投影机、交互式电子白板、视频展台等,实现信息技术与所有学科整合;给低视力学生配备电子助视设备,满足学生学习的需要;在各专业教学辅助用房配备网络终端、音响设备、显示设备、相关软件等,满足专业教学需要;借助先进的流媒体技术与高性能自动录课系统,自动实时记录教师授课的视频、音频,对教师课上使用的多媒体教学课件、学生课堂表现等实现同步录制;将录制数据自动上传到预先指定的服务器,按预设类别生成网络教学课件,实现在校园网或因特网上视频直播的远程互动教学。

四是加强特教师资信息技术应用能力,加强特殊教育软件建设;制定教育教学信息化应用方案,更好地发挥听力检测室、听觉评估室、言语和语言个别化康复室、感统训练室、音乐治疗室等设备的作用;通过建立网上沟通交流渠道,提高德育与学生管理工作效率。

五是建立、完善特殊教育信息化资源库,提高资源整合与运用的效能。例如,有组织、系统化地建立特殊教育教师专业发展与政策研究数据库,全面掌握现有特殊教育专任教师的专业发展状况,以便为国家完善特殊教育支持保障体系、规划特殊教育发展提供科学依据。

第四节　特殊教育的社会支持

现代特殊教育的发展是一个社会文明进步的标志。近半个世纪以来,由于教育民主思想的渗透和国际社会的关注,现代特殊教育成为现代教育体系中发展最快的领域。在一定程度上,特殊教育发展水平综合反映了一个国家或地区政治、经济、文化和国民素质的发展水平。

特殊教育的对象,尤其是有一定生理障碍的残疾人,他们的教育和生活条件并非都能由学校和儿童家庭提供。例如,供盲人行走的盲道、音响交通报警器,供残疾人轮椅通行的斜坡、电梯,供残疾人使用的卫生设备、公共交通设施等都需要在城市规划、建设中统筹解决。

世界卫生组织在《国际功能分类》中提出了"残疾社会"模式,其主要观点是认为残疾不仅是个体的生理问题,而且是社会问题。因此,只有全社会改变对残疾人的态度或观念,建立为残疾人提供教育、康复、就业服务的社会支持体系,才能促进残疾人积极参与社会活动,解决他们充分融入社会的问题。一个健全的特殊教育社会支持体系要求社会能充分地动员和整合资源,建立有效的社会协调机制,更多地获得资源,实现不同教育阶段的对接。

在我国,特殊教育的发展需要各级政府和全社会的支持。我国《特殊教育提升计划(2014—2016)》明确指出,经过三年努力,建立健全以财政为主、社会支持、全面覆盖、通畅便利的特殊教育服务保障机制,基本形成政府主导、部门协同、各方参与的特殊教育工作格局。现代残疾人教育要实现"医教结合""教康结合",需要医疗卫生系统提供从早期的医学筛查、鉴定到早期康复和终生康复的社会服务;残疾人劳动就业、职业培训、参加社会活动(如参加残奥会、文艺比赛)等问题需要残疾人联合会帮助安排解决;残疾人的教育与生活辅助器械,如轮椅、助听器、盲文印刷品、特制手机等产品,因销售量受到限制,营业利润受到影响,需要社会上相关企业提供。

2010年,教育部发布《义务教育阶段盲校教学与医疗康复仪器设备配备标准》等三个教育行业标准,对盲校、聋校以及培智学校医疗康复仪器设备配备提供了国家标准。国家越来越重视集聚教育、民政、卫生、残联等多方力量,并在政策层面提供了良好的基础,努力实现面向全体残疾儿童的公平适当的教育和社会综合服务。

一、特殊教育的社会支持需求与资源

进入信息化社会之后,现代特殊教育需要健全的社会服务体系来支持和保障。

一方面,应该基于社会融合的理念,借鉴发达国家和地区的经验,分析我国特殊教育的社会需求和资源,深入调查特殊教育的社会需求、社会支持的现有及潜在资源,深入分析社会支持的需求与资源的现状及存在的问题,探索社会支持体系建设的机制,构建适合国情的特殊教育社会支持体系。

另一方面,要加强宣传教育,使全社会都能充分认识到,特殊教育是中国特色社会主义教育事业的重要组成部分,发展特殊教育是党和政府坚持以人为本、弘扬人道主义精神和保障人权的重要举措,是促进残疾人全面发展和实现"平等、参与、共享"目标的有效途径;通过宣传国内社会支持体系建设的成功范例,改变社会上一部分人歧视和忽视残疾人的观念与态度,提高全社会的精神文明程度。

二、残疾人教育所需要的相关服务

考虑到残疾人身心障碍的个体差异很大,单一的特殊教育专业教师无法满足他们的学习、教育与生活需要。近年来,"医教结合"理念特别强调了残疾人教育中的医学、康复问题,但比较健全的残疾人教育,还应该提供更多综合、全面的社会服务。

这种综合性的社会服务,其专业团队一般由如下方面的专业人员组成:物理治疗师、职能治疗师、言语治疗师、听力矫正师、临床心理学工作者、社会工作者、学校辅导教师和专业特殊教师。其中,专科医生多指小儿科医生、康复科医生、精神科医生和五官科医生。

要使这样的专业团队能围绕残疾人儿童发展与教育有效地工作,首先,应该保持以特殊教育教师为主的运作格局,建立起专业团队的合作基础。

其次,特殊教育教师要学会沟通交流,详细地介绍儿童的发展背景、相关资料,组织不同的专业活动,如组织综合性的评估鉴定小组,制定个别化的教育教学计划,让专业团队参与学生评估、鉴定与教学的全过程。

最后,是根据实际情况,形成不同类型的团队,组织不同方式的合作模式。特殊教育服务的专业团队是根据有身心障碍儿童的需要来组成的,一般包括教育专业人员和相关专业人员两大部分,但学生家长是必须参加的成员。合作服务的方式大致分为两种,一种是定点服务方式,另一种是巡回服务方式。定点服务方式是指在学校(包括有残疾学生随班就读的普通学校和特殊教育学校)或特殊教育资源指导中心设置常驻的专职或兼职专业人员,由他们为学生提供服务。巡回服务方式是指地方教育部门或特殊教育资源指导中心聘用的专职与兼职专业人员在所管辖的县、区学校流动地提供特殊教育巡回服务。

三、特殊教育支持保障体系中的社区支持

加强社区参与的能力和意识,组织社区成员支持特殊教育,协同

学校解决特殊儿童发展与教育的问题,运用社区资源支持特殊教育,促进特殊儿童的社会融合,也是提供社会服务的重要方面。在特殊教育比较发达的国家和地区,这种社区工作多由社区的社会工作者来承担,在我国,大多数地方是由乡镇和居民委员会的工作人员来协助。特殊教育的社区服务主要包括以下几方面的内容。

一是配合政府,了解所在社区的儿童、老人、妇女、残疾人、低收入者等人群的相关信息,维护他们的权益,帮助他们解决生活、医疗与就业等方面的困难,帮助政府实施维护残疾人利益的法规政策等。

二是挖掘、整合、利用社区资源,为社区弱势群体提供帮助,使他们能更好地融入社区生活,得到更多的关注与帮助。

三是了解残疾儿童在社区的生活与学习情况,了解是否存在残疾儿童的家长或监护人严重疏忽或侵害儿童权益等违法情形。

四是挖掘和整合社区资源,协助学校和家长改善社区的无障碍设施,提供放学后到家长下班前的儿童安置场所,改善社区环境,建设学习化社区。

五是提升特殊儿童家庭支持力度,为特殊儿童建设更好的家园和社区。

四、特殊教育社会综合服务体系的构建与完善

我国特殊教育深化改革实验区建设的经验表明,要构建与完善特殊教育的综合服务体系,必须探索建立教育、卫生计生、残联、民政等多部门参与的特殊教育公共服务合作机制,建立和完善残疾新生儿和持证残疾儿童信息共享机制,建立实名通报和实名追踪服务体系,探索建立特殊教育学校购买专业康复服务机制,增强全社会为残疾儿童、少年提供全方位发展的支持能力。

一是公共设施中,除了盲道、坡道等基础设施外,还应增设整合运动室、动作治疗室、多感官训练室、互动多媒体康复训练室等康复专用教室,为残疾儿童、少年的康复训练提供优质的场所,为医教结合研究提供硬件保障。

二是建立"筛查—评估—建档—转介—安置—综合干预"的运行机制和服务体系,提供针对性服务,满足不同障碍类别学生的特殊教育需求。各级教育、卫生计生和残联等部门,依托特殊教育指导中心,研究和制定特殊教育需要儿童的教育评估指导性意见,联合开展评估指导和科研工作。探索建立县(区)特殊需要儿童教育安置工作机制,依托县(区)特殊教育指导中心,联合县(区)教育、卫生计生和残联等部门的专业力量,根据残疾儿童入学评估与鉴定结果提出安置建议,并对残疾儿童实施随访和跟踪服务,提高残疾儿童入学安置评估的科学性。

三是最大限度地整合卫生计生、教育等部门资源,建立"三位一体"管理机制,即医教结合的行政管理机制、专业服务机制和特殊教育学校现代化管理机制。探索"特殊教育学校+康复机构""特殊教育学校+高等院校""特校康复教师+驻校顾问医生"、政府购买服务等多种医教结合模式,建立示范性医教结合实验学校,加强学校、医院、高等院校及相关科研部门的合作。

四是对确实不能到学校接受义务教育的多重、重度残疾儿童、少年,通过"普校+特校"的方式实施送教上门或远程教育等服务。整合教育、残联、卫生计生、民政等部门资源,协调推进"四送合一"项目建设,即教育部门组织"送教上门"、残联组织"送康复上门"、卫生计生部门组织"送医上门"、民政部门组织"送温暖上门",为残疾儿童、少年量身定制适合的送教康复计划、康复课程设置、送教时间安排等。加强家庭教育指导,使学生受到系统、科学、规范的特殊教育。完善送教服务工作规范,建立质量追踪体系。

五是共建共享残障儿童少年信息平台,整合教育、卫生计生、残联等部门的残疾儿童发现、诊断、教育、康复等信息,通过各部门的分工合作，为每位残疾儿童、少年建立电子化个人档案，对残疾儿童、少年实施自发现开始的跟踪医教结合服务。建立个别化教育网络管理平台，实现所有接受特殊教育服务的特殊需要儿童均纳入个别化教育网络平台管理，对所有接受特殊教育服务的学生的教育质量实施实名制服务质量追踪。

第八章　特殊教育学主要专业组织、学术期刊和网络资源

本章介绍特殊教育学主要的专业组织、学术期刊和网络资源。

第一节　特殊教育学主要专业组织

专业组织是某一领域、学科的专业人员开展专业学术交流的同行组织,多采取自我管理的方法。一般来说,专业性学术组织有自己的组织宗旨、选举出来的群众性管理机构,比较成熟的专业组织还会划分为多个专业研究会,创办专业期刊和信息交流平台,在制定学术规范、推动学术专业化、培养专业人才、交流专业信息、推广研究成果、提高学科整体水平等方面发挥重要的作用。

一、国外特殊教育学专业组织

（一）美国特殊儿童委员会

美国特殊儿童委员会（Council for Exceptional Children,CEC）是一个指导和服务特殊儿童的国际性专业组织,服务宗旨是为特殊儿童教育政策制定、专业标准设定以及专业人员的研究工作等提供信息和帮助。

（二）美国学校心理学家协会

美国学校心理学家协会（National Association of School Psychologists,NASP）是美国学校心理学家的专业组织,旨在通过与教师、家长、专业人员的合作来帮助学生处理学习、社交、情绪与行为上的问题。

第八章 特殊教育学主要专业组织、学术期刊和网络资源

（三）美国智力与发展性障碍协会

美国智力与发展性障碍协会（The American Association on Intellectual and Developmental Disabilities，AAIDD）是美国智力与发展性障碍领域历史最为悠久的权威性专业组织。2007年之前其名称是美国智力落后协会（The American Association on Mental Retardation，AAMR）。该组织除有7000多名美国会员之外，还包括其他55个国家智力与发展性障碍领域的会员。

（四）美国盲人联合会

美国盲人联合会（National Federation of the Blind，NFB）是美国最大、最有影响的盲人组织，成立于1940年，目前有5万名会员，下设700多个分会。该组织通过提供相关信息和学习途径来帮助视障者建立自信和自尊，相互支持，实现理想。

（五）美国听力学会

美国听力学会（American Academy of Audiology，AAA）是世界上最大的听力治疗师的专业组织，有1万多名会员。该学会旨在通过继续教育和研究支持来提升听力治疗工作者的专业水平，更好地为听力障碍者服务。

（六）美国唐氏综合征协会

美国唐氏综合征协会（National Down Syndrome Society，NDSS）是帮助人们了解唐氏综合征、提供专业性指导和帮助的协会。该协会提供丰富的研究资料，帮助唐氏综合征患者提高生活质量和学习能力。

（七）美国自闭症学会

美国自闭症学会（Autism Society of America，ASA）是美国自闭症研究领域历史最悠久的学术性组织，成立于1965年，现有200多个分会和5万多名会员。

（八）美国言语语言听力协会

美国言语语言听力协会（American Speech-Language-Hearing Association，ASLHA）是一个由听力学、言语语言学、言语病理学等专业人员组成的专业团体。该学会旨在帮助这些领域的专业人员获得资讯，提高专业能力。目前，该学会有120万名成员，多具有硕士以上学历，其中80%持有ASLHA的临床能力证书。

（九）国际诵读困难协会

国际诵读困难协会（The International Dyslexia Association，IDA）是美国最早的研究学习困难、诵读困难的专业组织。该协会旨在为诵读困难者提供研究信息、资源和相关服务。目前，该协会有13000名成员，其中60%是教育工作者，20%为诵读困难者及其家人。

二、中国特殊教育学专业组织

（一）中国残疾人联合会

中国残疾人联合会是中国最重要的全国性残疾人事业团体。该组织代表残疾人的共同利益，维护残疾人的合法权益，承担政府委托的管理和发展残疾人事业的职责。

（二）中国教育学会特殊教育分会

中国教育学会特殊教育分会是中国教育学会管辖下的二级学会，创建于1982年10月。它是研究特殊教育学的全国性、群众性学术团体，主要开展基础特殊教育领域的理论研究与交流活动。分会设视障教育学术委员会、听障教育学术委员会、智力与发展性障碍教育学术委员会、信息技术与职业教育学术委员会、教师培训与课程改革学术委员会、艺术与教育学术委员会。分会秘书处设在北京联合大学特殊教育学院。

中国教育学会特殊教育分会以"为特殊教育改革和发展服务，为繁荣特殊教育科学服务,为第一线教师和教育工作者服务,当好教育行政部门的助手和参谋"为宗旨,充分发挥群众性学术团体的优势,积极开展学术研讨、教学研究、师资培训、论文评比、对外交流等活动。

(三)中国高等教育学会特殊教育分会

中国高等教育学会特殊教育分会2005年10月成立。其宗旨是在高等教育学会的领导下,团结和组织承担特殊高等教育的院校师生,开展有关残疾人高等教育、职业教育、教师教育与特教专业人才培养等方面的研究,建立信息交流、学术合作和人才培养的平台,充分利用特教资源,推动中国高等特殊教育和职业教育的发展。

中国高等教育学会特殊教育分会的工作任务是适应我国残疾人高等特殊教育、职业教育和特殊教育专业教师教育的发展形势,开展人才培养、科学研究、学术交流、社会服务等工作,提高我国高等特殊教育的学科水平和教育质量,深入研究我国高等特殊教育发展过程中遇到的理论和实践问题。学会创办有专业刊物《中国高等特殊教育》。

第二节 特殊教育学主要学术期刊

一、国外特殊教育学主要学术期刊

国外特殊教育学主要学术期刊介绍如下。

(一)《流畅性障碍期刊》(*Journal of Fluency Disorders*)

《流畅性障碍期刊》是1974年创刊、在美国纽约出版的关于言语障碍问题研究的特殊教育专业期刊,该期刊在听力和语言病理学同类期刊中影响因子排名第1位,在康复学同类期刊中影响因子排名第 2 位。

（二）《脑与语言》(Brain and Language)

《脑与语言》是美国学术出版社出版的有关脑、语言、心理语言学、言语障碍等问题的特殊教育专业期刊，主要发表语言障碍与语言发展研究领域的研究成果。

（三）《特殊儿童》(Exceptional Children)

《特殊儿童》是美国弗吉尼亚大学创办的聚焦于特殊儿童发展、教育与康复等问题的特殊教育专业期刊，是特殊教育学领域最知名的学术期刊之一。期刊内容涉及特殊教育学的基础理论、研究综述、实证研究与教学方法等。

（四）《发展障碍研究》(Research in Developmental Disabilities)

《发展障碍研究》是专门刊登关于发展滞后儿童的最新研究成果的特殊教育学术期刊，聚焦于跨学科性质的原创研究，尤其是有关发育障碍问题的新的理解或补救方法。期刊刊登的文章主要是实证研究。

（五）《美国智力与发展性障碍杂志》(American Journal on Intellectual and Developmental Disabilities)

《美国智力与发展性障碍杂志》是在美国华盛顿出版的集中研究智力和发展落后儿童的特殊教育专业期刊，主要探讨智力障碍与康复问题。

（六）《智能障碍研究杂志》(Journal of Intellectual Disability Research)

《智能障碍研究杂志》是在英国出版的研究智力障碍问题的特殊教育专业期刊，研究主题聚焦于智力障碍儿童的心理健康与教育、遗传障碍等方面。

（七）《自闭症与发育障碍杂志》（Journal of Autism and Developmental Disorders）

《自闭症与发育障碍杂志》是权威的同行评审的学术期刊，专注于自闭症谱系障碍和相关发育障碍领域的研究。该期刊致力于促进对自闭症的理解，包括潜在的原因和流行，评估与诊断进展，有效的临床护理、干预、教育以及康复的原理与方法。

（八）《阅读障碍年鉴》（Annals of Dyslexia）

《阅读障碍年鉴》是由国际开发协会创办的致力于对阅读障碍问题进行跨学科研究的学术期刊，聚焦于阅读障碍形成与矫正的理论与方法、阅读障碍的干预以及书写语言障碍等相关领域的研究，也包括拼写、作曲和数学中的阅读理解问题的研究。该期刊既有实证研究、学术评论，也有实践报告。

二、中国特殊教育学主要学术期刊

中国特殊教育学主要学术期刊介绍如下。

（一）《中国特殊教育》

《中国特殊教育》是由中华人民共和国教育部主管、中国教育科学研究院主办、中国教育科学研究院心理与特殊教育研究部编辑出版的特殊教育核心学术期刊。

（二）《现代特殊教育》

《现代特殊教育》创办于1992年，系原国家教委、中国残联委托江苏省教育厅主管、江苏省教育报刊社主办的特殊教育学术性期刊。《现代特殊教育》设两个编辑部，即《现代特殊教育》编辑部和《现代特殊教育（高教版）》编辑部。其读者对象为各类特殊教育学校、有特殊儿童少年就读的普通学校和康复机构的教师，特殊教育管理和科研人员，大、中专院校特教专业的教师和学生等。

期刊的主要内容是宣传国家有关发展特殊教育的方针政策和法律法规，推介特殊教育科学研究成果，提供教育教学及康复训练的经验、方法和案例，介绍国际特殊教育的新思想、新理念、新方法、新经验，报道国内外特殊教育发展的最新信息动态。

（三）《中国听力语言与康复科学杂志》

《中国听力语言与康复科学杂志》是由中国残联主管、中国聋儿康复中心主办的国内外公开发行的特殊教育专业期刊。

（四）《教育生物学》

《教育生物学》是由上海交通大学主管、上海交通大学医学院附属新华医院主办的教育生物学领域学术期刊，秉持"医教结合"的理念，注重发表神经科学和康复科学领域关于发展障碍儿童教育的研究。

（五）《南京特教学院学报》

《南京特教学院学报》是由江苏省教育厅主管、南京特殊教育职业技术学院主办的学术季刊，1988年创刊。目前已被中国期刊全文数据库网络出版。

（六）《特教天地》

《特教天地》是由湖北省教育学会特教专业委员会主管、襄樊职业技术学院主办的特殊教育专业刊物，1991年创刊。

（七）《现代特教研究》

《现代特教研究》是由中国教育学会特殊教育分会主管、厦门市心欣幼儿园主办、华东师范大学言语听觉科学教育部重点实验室支持的内部发行的学术刊物。

（八）《上海特教》

《上海特教》是由上海市卢湾区教育局主管、上海市教育科研基地特殊教育研究所主办的学术刊物，2003年创刊。

（九）《湖南特殊教育》

《湖南特殊教育》是由湖南省教育厅主管、长沙职业技术学院主办的特殊教育学术期刊；1998年创办，2004年停办，2013年复刊。其宗旨是为全国特教工作者提供交流教学经验、探讨理论问题、反映教改问题的发表平台。

（十）《浙江特殊教育》

《浙江特殊教育》是浙江省教育厅主管、浙江省特殊教育指导中心主办的特殊教育学术期刊，2016年创刊。

（十一）《特殊教育研究学刊》

《特殊教育研究学刊》是由台湾师范大学特殊教育学系主编的特殊教育学术期刊，读者对象主要是特殊教育相关领域的专业人员，接受的稿件包括有关特殊教育的实证研究和理论探讨。

（十二）《特殊教育学报》

《特殊教育学报》是由台湾彰化师范大学特殊教育系与特殊教育研究中心主编的内部发行的特殊教育刊物，1985年创办。内容分两大部分，第一部分是特殊教育的专家论文，第二部分是彰化师大特殊教育专业的硕士与博士论文摘要。

第三节　特殊教育学相关网络资源

一、国外特殊教育学网络资源

（一）美国教育资源中心

美国教育资源中心（Educational Resources Information Center，ERIC）是目前世界上信息量最大的教育信息资源中心，由美国教育部下属教育科学研究所主办，收录了1966年以来有关教育方面的文献，包括图书、论文、评估报告等种类丰富的文献资料。

（二）美国康复信息中心

美国康复信息中心（National Rehabilitation Information Center，NRIC）是由美国教育部特殊教育与康复服务办公室主办的官方网站，致力于搜集和传播美国残疾与康复研究的相关成果，提供相关知识和信息。

（三）美国心理健康信息中心

美国心理健康信息中心（National Mental Health Information Center，NMHIC），也称心理健康服务中心（The Center for Mental Health Services，CMHS），是美国提供心理健康信息与服务的全国性信息中心。其网站的服务内容包括项目介绍、心理健康论坛、相关新闻、出版物及资源等部分。

（四）美国智力与发展性障碍协会

美国智力与发展性障碍协会（The American Association on Intellectual and Developmental Disabilities，AAIDD）是美国智力与发展性障碍领域历史最为悠久的专业组织。其网站主要包括出版物、政策、会议、资源以及专题活动等栏目。

（五）耶鲁儿童发展障碍门诊

耶鲁儿童发展障碍门诊（Yale Developmental Disabilities Clinic，YDDC）是耶鲁大学医学院儿童研究中心的一个为自闭症、艾斯伯格症和广泛发展障碍儿童提供研究咨询与服务的机构。其网站包括门诊信息、探索研究、支持性研究等栏目，提供了有关障碍儿童研究的最新动态和研究成果。

（六）美国特殊教育专业人员信息中心

美国特殊教育专业人员信息中心（The National Clearinghouse for Professions in Special Education，NCPSE）是以提高为特殊儿童服务品质与专业能力为宗旨的综合信息中心。其网站内容包括特殊教育的生涯选择、研究资料、教师补充与留用策略、教师工资资源等相关信息。

（七）美国中等教育与转衔中心

美国中等教育与转衔中心（The National Center on Secondary Education and Transition，NCSET）是美国教育部特殊教育与康复办公室资助的为残疾青少年及其家长提供教育与转衔信息和支持的服务性组织。其网站包括热点问题、出版物、辅助技术、资源、电子会议等栏目。

二、中国特殊教育学网络资源

（一）中国特殊教育资源网

中国特殊教育资源网由教育部基础教育司与部分特殊学校联合开发，致力于为特殊教育人群提供有关视障教育资源、听障教育资源和智障教育资源等方面的信息、服务和支持。

（二）中国视障教育网

中国视障教育网是由中国教育学会特殊教育分会视障教育专业

委员会主办、淄博市盲人学校承办的网站。网页提供中文、英文和盲文三种文字的服务，设有新闻中心、政策法规、学校联盟、试验项目、盲人天地、视听在线、科技咨询、教学科研、职教时空、资源中心、心理健康、教育培训、家长网校、教研博客、论坛交流等栏目。该网站以视障教育、教学资源为中心，为各级教育行政部门、盲人教育专业人员及家长等提供信息、服务和相关支持。

（三）中国盲人网

中国盲人网是致力于为盲人提供教育服务和信息资源的无障碍网站。该网站由黑龙江省残疾人联合会、哈尔滨工业大学、哈尔滨市盲聋哑学校等单位联合创建，设有知识中心、音乐厅、图书馆、在线答疑、交流中心等栏目。网站采用语音读屏技术、语音键盘操作提示等盲用信息无障碍技术，为盲人提供有关计算机、医学、外语、文学、音乐、盲教研究等方面的信息与资源。

（四）聋儿教育在线

聋儿教育在线是北京盛永文化公司和北京联合大学特殊教育学院合作创建、致力于听力障碍儿童语言康复训练的专业网站，旨在帮助言语康复专业人员与聋儿家长提高语言康复的效能。网站设有家长园地、教材介绍、指导教师、启蒙教育、教师专区等栏目。

（五）中国孤独症网

中国孤独症网是由中国孤独症研究工作室与有关政府部门联合主办的公益性网站，旨在促进国内外孤独症科研教育单位、工作人员和孤独症患者、家人等相关人群的沟通交流，致力于为孤独症患者及家人提供服务。网站设有新闻动态、诊疗指南、康复教育、言语训练、行为矫治、技能培养等栏目。

（六）中国北方特殊教育资源网

中国北方特殊教育资源网是由吉林省特教专业委员会主管、长春市特殊学校主办的特殊教育专业网站。该网站设有新闻、科研、信息、职教、科技、康复、联盟、视频等栏目,比较全面地介绍了我国特殊教育的发展概况。

(七)上海特殊教育资源中心

上海特殊教育资源中心由上海市政府与华东师范大学共同建设,其宗旨是整合优质资源,搭建教育平台,健全特教支持系统,更好地满足特殊儿童及家长对特殊教育的需要。网站的主要栏目有政策法规、课程教学、特教研究、支持服务等。该中心设在华东师范大学学前与特殊教育学院。

参考文献

一、英文文献

[1] ASHMAN A F,CONWAY R N F. Teaching students to use process-based learning and problem solving strategies in mainstream classes [J]. Learning & instruction,1993(2).

[2] BOUCHER J. Memory in autism:theory and evidence [M]. London:Cambridge University Press,2008.

[3] CHAUHAN R S. Triumph of the spirit:the pioneers of education and rehabilitation services for the visually handicapped in India [M]. Delhi:Konark,1994.

[4] CLARK H B,DAVIS M. Transition to adulthood:a resource for assisting young people with emotional or behavioral difficulties [J]. Psychiatric services,2000(8).

[5] FRYER G B. Work among the blind of China [M]. Shanghai:China Mission Year Book,1914.

[6] JOHNSON M V. Understanding autism:from basic neuroscience to treatment [J]. The journal of clinical psychiatry,2008(12).

[7] MEERSMAN A. Notes on the charitable institutions the Portuguese established in India[J]. Indian church history review,1971(2).

[8] NICHOLLS R B G. Research methods in educational management [J]. British journal of educational studies,1995(3).

[9] O'CONNOR K P. Clinical phenomenology and cognitive psychology [M]. New York:Routledge,2014.

[10] OSGOOD R L. The history of inclusion in the United States[M]. Washington, D. C:Gallaudet University Press,2005.

[11] SAFFORD P L,et al. A history of childhood and disability[M]. New York:Teachers College Press,1996.

[12] STERNBERG R J. The nature of cognition[M]. Massachusetts:Massachusetts Institute of Technology Press,1999.

[13] TAYLOR A. The blind in eastern countries:report of the Second Triennial International Conference on the Blind and Exhibition[R]. Manchester,1908.

[14] TAYLOR S J. Caught in the continuum:a critical analysis of the principle of the least restrictive environment[J]. Research & practice of persons with severe disabilities,2004(4).

[15] VERNON P E. Intelligence, heredity and environment[J]. Behavior research & therapy,1979(1).

[16] WARNOCK H M. Special educational needs:report of the Committee of Enquiry into the Education of Handicapped Children and Young People[R]. London,1978.

[17] WINZER M A. The history of special education:from isolation to integration[M]. Washington,D. C.:Gallaudet University Press,1993.

二、中文文献

[1] 艾伦.特殊儿童的早期大融合教育[M].周念丽,苏雪云,张旭,译.上海:华东师范大学出版社,2005.

[2] 陈军.新一轮课改背景下的聋校数学课程改革[J].现代特殊教育,2003(6).

[3] 陈丽如.特殊儿童鉴定与评量.台北:心理出版社,2001.

[4] 陈云英.残疾儿童的教育诊断[M].北京:科学出版社,1996.

[5] 陈云英.随班就读的课堂教学[M].北京:中国国际广播出版社,1996.

[6] 陈云英.特殊儿童父母指导手册丛书[M].北京:中国国际广播出版社,1996.

[7] 陈云英.中国一体化教育改革的理论与实践[M].北京:新华出版社,1997.

[8] 陈云英.中国特殊教育学基础[M].北京:教育科学出版社,2004.

[9] 陈云英,华国栋.特殊儿童的随班就读试验:农村的成功经验[M].北京:教育科学出版社,1998.

[10] 程黎.特殊儿童早期干预[M].北京:北京大学出版社,2012.

[11] 戴淑凤,贾美凤,陶国泰.让孤独症儿童走出孤独[M].北京:中国妇女出版社,2008.

[12] 陆德阳,稻森信昭.中国残疾人史[M].上海:学林出版社,1996.

[13] 邓猛.融合教育与随班就读:理想与现实之间[M].武汉:华中师范大学出版社,2009.

[14] 邓猛.视觉障碍儿童的发展与教育[M].北京:北京大学出版社,2011.

[15] 丁勇.当代特殊教育新论:走向学科建设的特殊教育研究[M].南京:南京师范大学出版社,2012.

[16] 董奇.智障学生职业潜能测量[M].北京:中国劳动社会保障出版社,2012.

[17] 杜晓新,宋永宁.特殊教育研究方法[M].北京:北京大学出版社,2011.

[18] 方俊明.当代特殊教育导论[M].西安:陕西人民教育出版社,1998.

[19] 方俊明.特殊教育学[M].北京:人民教育出版社,2005.

[20] 方俊明.特殊教育的哲学基础[M].北京:北京大学出版社,2011.

[21] 方俊明,雷江华.特殊儿童心理学[M].北京:北京大学出版社,2011.

[22] 富勒,奥尔森.家庭与学校的联系——如何成功地与家长合作[M].谭华军,等译.北京:中国轻工业出版社,2003.

[23] 顾定倩.特殊教育导论[M].大连:辽宁师范大学出版社,2001.

[24] 国家教育委员会初等教育司.特殊教育文件、经验选[M].北京:人民教育出版社,1989.

[25] 国家教育委员会基础教育司.国外特殊教育资料选[M].北京:华夏出版社,1992.

[26] 哈米尔,埃弗林顿.中重度障碍学生的教学:在全纳性教育环境中的应用[M].昝飞,译.上海:华东师范大学出版社,2005.

[27] 韩文娟,徐芳,王和平.如何发展自闭谱系障碍儿童的感知和运动能力[M].北京:北京大学出版社,2014.

[28] 何金娣,贺莉.残障儿童心理生理教育干预案例研究[M].上海:上海教育出版社,2005.

[29] 何幼华.让特殊学生在关爱中健康成长:上海市随班就读工作的实践与探索[M].长春:吉林人民出版社,2005.

[30] 河添邦俊.残疾弱智儿的培育道路[M].苗淑新,译.北京:华夏出版社,1987.

[31] 贺荟中.聋生与听力正常学生语篇理解过程的认知比较[M].上海:复旦大学出版社,2004.

[32] 贺荟中.听觉障碍儿童的发展与教育[M].北京:北京大学出版社,2011.

[33] 华国栋.特殊教育师资培养问题研究[M].北京:华夏出版

社,1997.

[34] 华国栋.随班就读教学[M].北京:华夏出版社,2000.

[35] 华国栋.差异教学论.北京:教育科学出版社,2001.

[36] 华国栋.特殊需要儿童的心理与教育[M].北京:高等教育出版社,2004.

[37] 黄加尼,张克敏.点字符号用法[M].北京:中国盲文出版社,1985.

[38] 黄建行,雷江华.智障学生的职业教育模式[M].北京:北京大学出版社,2011.

[39] 黄建行,雷江华.特殊教育学校校本课程开发[M].北京:北京大学出版社,2012.

[40] 黄伟合.儿童自闭症及其他发展性障碍的行为干预:家长和专业人员指导手册[M].上海:华东师范大学出版社,2003.

[41] 黄伟合.用当代科学征服自闭症[M].上海:华东师范大学出版社,2008.

[42] 黄伟合,贺荟中.功能性行为评估与干预[M].北京:华夏出版社,2013.

[43] 蒋建荣.特殊教育的辅具与康复[M].北京:北京大学出版社,2011.

[44] 蒋云尔.特殊教育管理学[M].南京:南京大学出版社,2007.

[45] 焦青,袁茵.特殊儿童行为改变[M].长春:东北师范大学出版社,2002.

[46] 莱维斯.双语聋教育在丹麦[M].吴安安,刘润南,译.北京:华夏出版社,2005.

[47] 雷江华.学前特殊儿童教育[M].武汉:华中师范大学出版社,2008.

[48] 雷江华.听力障碍学生唇读的认知研究[M].北京:中国社会科

学出版社,2009.

[49] 雷江华.融合教育导论[M].北京:北京大学出版社,2011.

[50] 雷江华,方俊明.特殊教育学[M].北京:北京大学出版社,2011.

[51] 李翠林.特殊教育教学设计[M].台北:心理出版社,2001.

[52] 李芳,李丹.特殊儿童应用行为分析[M].北京:北京大学出版社,2012.

[53] 李拉.我国特殊师范教育制度研究[M].南京:南京大学出版社,2016.

[54] 李牧子.盲童教育概论[M].北京:中国盲文出版社,1981.

[55] 李绍珠,周兢,郭熙.聋儿早期康复教育:理论与方法[M].南京:南京大学出版社,1993.

[56] 李闻戈.情绪与行为障碍儿童的发展与教育[M].北京:北京大学出版社,2012.

[57] 李子建.学习困难学生阅读元认知实验研究[M].杭州:杭州出版社,2004.

[58] 梁威.初中生数学学习障碍研究[M].北京:北京教育出版社,1997.

[59] 林宝贵.特殊教育理论与实务[M].台北:心理出版社,2000.

[60] 刘春玲,江琴娣.特殊教育概论[M].上海:华东师范大学出版社,2008.

[61] 刘春玲,马红英.智力障碍儿童的发展与教育[M].北京:北京大学出版社,2011.

[62] 刘佳芬.培智教育社区化的达敏实践研究[M].杭州:浙江科学技术出版社,2011.

[63] 刘全礼.特殊教育导论[M].北京:教育科学出版社,2003.

[64] 吕梦,杨广学.如何发展自闭谱系障碍儿童的社会交往能力

[M].北京:北京大学出版社,2014.

[65] 马什,沃尔夫.儿童异常心理学[M].孟宪章,等译.广州:暨南大学出版社,2004.

[66] 曼,萨博迪诺.认知过程的原理:补救与特殊教育的运用[M].黄慧真,译.台北:心理出版有限公司,1994.

[67] 毛连蕴.特殊儿童教学法[M].台北:心理出版社,1999.

[68] 梅次开.梅次开聋教育文集[M].上海:学林出版社,2000.

[69] 孟瑛如.资源教室方案:班级经营与辅助教学[M].台北:五南出版社,1999.

[70] 内尔,诺丁斯.始于家庭:关怀与社会政策[M].侯晶晶,译.北京:教育科学出版社,2006.

[71] 尼科尔斯,施瓦茨.家族治疗概论[M].王慧玲,连雅慧,译.台北:洪叶文化事业有限公司,2002.

[72] 倪萍萍,周波.如何发展自闭谱系障碍儿童的自我照料能力[M].北京:北京大学出版社,2014.

[73] 钮文英.拥抱个别差异的新典型:融合教育[M].台北:心理出版社,2008.

[74] 潘梅英.启聪心悟[M].广州:广东科技出版社,2006.

[75] 潘前前,杨福义.如何发展自闭谱系障碍儿童的认知能力[M].北京:北京大学出版社,2014.

[76] 彭霞光.视力残疾儿童的教育理论与实践[M].北京:华夏出版社,1997.

[77] 朴永馨.特殊教育学[M].福州:福建教育出版社,1995.

[78] 朴永馨.特殊教育辞典[M].北京:华夏出版社,1996.

[79] 朴永馨.特殊教育概论(修订本)[M].北京:华夏出版社,1999.

[80] 朴永馨.特殊教育课程与教学[M].大连:辽宁师范大学出版社,2002.

[81] 钱丽霞.普通学校促进不同学习需要学生有效参与的策略:可持续发展教育视野下的全纳教育实践研究[M].北京:科学出版社,2008.

[82] 邱上真.特殊教育导论[M].台北:心理出版社,2002.

[83] 上海市教育科研基地特殊教育研究所.上海市首届特殊教育科学研究获奖成果论文集[M].上海:上海科学普及出版社,2007.

[84] 上海市教育科研基地特殊教育研究所.上海市第二届特殊教育科学研究成果结题报告集[M].上海:上海科学普及出版社,2011.

[85] 沈家英,陈云英,彭霞光.视觉障碍儿童的心理与教育[M].北京:华夏出版社,1993.

[86] 沈立,等.智障学生个别化职业转衔服务实践[M].上海:上海交通大学出版社,2013.

[87] 沈玉林,吴安安,褚朝禹.双语聋教育的理论与实践[M].北京:华夏出版社,2005.

[88] 苏林雁.儿童多动症[M].北京:人民军医出版社,2005.

[89] 苏雪云.如何理解自闭谱系障碍和早期干预[M].北京:北京大学出版社,2014.

[90] 苏雪云,张旭.超常儿童的发展与教育[M].北京:北京大学出版社,2011.

[91] 苏泽.有特殊需要的脑与学习[M].北京师范大学脑与教育应用研究中心,译,北京:中国轻工业出版社,2005.

[92] 孙霞.特殊儿童的美术治疗[M].北京:北京大学出版社,2012.

[93] 汤盛钦.特殊教育概论:普通班级中有教育需要的学生[M].上海:上海教育出版社,1998.

[94] 瓦恩布雷纳.学习困难学生的教育策略[M].刘颂,刘巧云,译.

北京:中国轻工业出版社,2005.

[95] 汪文鋆.弱智儿童家庭教育咨询[M].杭州:浙江教育出版社,1994.

[96] 王和平.特殊儿童的感觉统合训练[M].北京:北京大学出版社,2012.

[97] 王洪礼.开发智力的思维模式[M].贵阳:贵州人民出版社,1999.

[98] 王培峰.特殊教育哲学[M].济南:山东人民出版社,2012.

[99] 王培峰.特殊教育政策:正义及其局限[M].南京:南京大学出版社,2015.

[100] 王雁,等.中国特殊教育教师培养研究[M].北京.北京师范大学出版集团,2012.

[101] 韦小满.特殊儿童心理评估[M].北京:华夏出版社,2006.

[102] 夏峰.国际特殊教育新进展:第1辑[M].北京:中国文联出版社,2012.

[103] 夏峰.国际特殊教育新进展:第2辑[M].北京:中国文联出版社,2012.

[104] 夏峰.国际特殊教育新进展:第3辑[M].北京:中国文联出版社,2013.

[105] 夏峰.中国特殊教育进展(2000—2010)[M].北京:高等教育出版社,2013.

[106] 夏峰.国际特殊教育新进展:第4辑[M].北京:中国文联出版社,2014.

[107] 肖非.智力落后儿童心理与教育[M].大连:辽宁师范大学出版社,2002.

[108] 肖非,刘全礼.智力落后教育的理论与实践[M].北京:华夏出版社,1996.

[109] 肖非,王雁.智力落后教育通论[M].北京:华夏出版社,2000.

[110] 谢国栋.视障人群的动作内隐认知研究[M].北京:中国社会科学出版社,2005.

[111] 谢明.感知觉统合的理论与实践[M].天津:新蕾出版社,2010.

[112] 休厄德.特殊需要儿童教育导论(第八版)[M].肖非,等译.北京:中国轻工业出版社,2007.

[113] 徐德荣.学校变革与融合教育[M].杭州:浙江科学技术出版社,2011.

[114] 徐芬.学业不良儿童的教育与矫治[M].杭州:浙江教育出版社,1997.

[115] 徐景俊.特殊儿童康复概论[M].天津:天津教育出版社,2007.

[116] 许天威,徐享良,张胜成.新特殊教育通论[M].台湾:五南图书出版公司,2001.

[117] 杨广学,杨福义,谭和平,等.中国特殊教育教师专业发展状况调查与政策分析研究[M].上海:华东师范大学出版社,2014.

[118] 杨尊田.轻度智力障碍儿童随班就读工作手册[M].北京:华夏出版社,1992.

[119] 银春铭.弱智儿童的心理与教育[M].北京:华夏出版社,1993.

[120] 查子秀.超常儿童心理学[M].北京:人民教育出版社,1993.

[121] 查子秀.儿童超常发展之探秘:中国超常儿童心理发展与教育研究20周年论文集[M].重庆:重庆出版社,1998.

[122] 张福娟,马红英,杜晓新.特殊教育史[M].上海:华东师范大学出版社,2000.

[123] 张宁生.听觉障碍儿童的心理与教育[M].北京:华夏出版

社,1995.

[124] 张宁生.残疾人高等教育研究[M].沈阳:辽宁人民出版社,2000.

[125] 张宁生.聋人文化概论[M].郑州:郑州大学出版社,2010.

[126] 张巧明,杨广学.特殊儿童心理与教育[M].北京:北京大学出版社,2012.

[127] 张世慧,蓝玮琛.特殊教育学生鉴定与评量[M].台北:心理出版社,2005.

[128] 张馨,张文禄.特殊儿童游戏化音乐活动60例[M].上海:上海音乐出版社,2009.

[129] 赵微.学习困难儿童的发展与教育[M].北京:北京大学出版社,2011.

[130] 郑俭.特殊教育研究网络资源整合与解析[M].北京:高等教育出版社,2008.

[131] 中国残疾人联合会.加快残疾人小康进程规划纲要专题解读[M].北京.华夏出版社,2016.

[132] 钟经华.视力残疾儿童教育学[M].北京:华夏出版社,2006.

[133] 周长根.叩启心灵之门[M].上海:学林出版社,1993.

[134] 周念丽.学前融合教育的比较与实证研究[M].上海:华东师范大学出版社,2008.

[135] 周念丽.自闭症谱系障碍儿童的发展与教育[M].北京:北京大学出版社,2011.

[136] 周念丽.特殊儿童的游戏治疗[M].北京:北京大学出版社,2012.

[137] 周仁来.听觉障碍儿童诊断与康复教程[M].长春:延边教育出版社,2000.

[138] 朱操.特殊教育研究[M].北京:中国林业出版社,2000.

[139] 朱瑞,周念丽.如何在游戏中干预自闭谱系障碍儿童[M].北京:北京大学出版社,2014.

[140] 朱晓晨,苏雪云.如何发展自闭谱系障碍儿童的沟通能力[M].北京:北京大学出版社,2014.

[141] 朱宗顺.特殊教育史[M].北京:北京大学出版社,2012.

附　录

特殊教育相关节日与活动

一、国际残疾人日

1992年10月12日至13日,第四十七届联合国大会举行了自联合国成立以来首次关于残疾人问题的特别会议。10月14日,大会通过决议。该决议的主要内容是:(1)请所有会员国和有关组织加强努力,为改善残疾人的状况采取持续而有效的措施;(2)宣布今后每年12月3日为"国际残疾人日"(International Day of Disabled Persons);(3)敦促各国政府以及全国性、地区性和国际性组织在执行"国际残疾人日"决议中进行充分合作。

二、国际聋人节

世界聋人联合会(The World Federation of the Deaf)成立于1951年,是国际性的非政府组织。其宗旨是造福于世界聋人,捍卫聋人的权利,帮助聋人康复。该会总部设在意大利罗马,每四年举行一次大会。

1957年,世界聋人联合会根据欧洲各国聋人组织的倡议,决定将1958年9月28日作为第一个国际聋人节,并规定以后每年9月的第四个星期日为国际聋人节。国际聋人节的意义在于对社会进行宣传,引起社会对聋人工作的重视,提高聋人的社会地位。

1958年8月12日,中华人民共和国内务部、教育部、卫生部、文化部、国家体委、团中央、全国妇联、全国总工会和中国聋哑人福利会等单位联合发出通知,要求各地庆祝这一节日。每年此日,各地会为当地聋人组织多种形式的庆祝活动,如聋人文艺演出、书画展览以及球类、棋类、田径体育比赛等,以活跃聋人生活,促进社会理解、支持残疾人事业。

三、国际盲人节

1984年,在沙特阿拉伯首都利亚德召开的世界盲人联盟(World Blind Union)成立大会上,确定每年10月15日为"国际盲人节",盲人在国际上第一次有了统一的组织和自己的节日。

世界盲人联盟的前身是国际盲人联合会和世界盲人福利会,1984年更名为世界盲人联盟,总部设在巴黎,有近80个会员国,中国盲人协会是该组织的创始会员之一。作为一个国际性的非政府组织,世界盲人联盟的宗旨是促进全世界的盲人平等参与社会生活。

1989年9月18日,中国残疾人联合会发出通知,要求各地在国际盲人节时,由省(市)盲人协会出面,业务部门协助,结合当地情况,举行适当的庆祝活动,以活跃盲人的生活,体现国家和社会对盲人的关怀。

四、特殊奥林匹克运动会

特殊奥林匹克运动(简称特奥运动),是基于奥林匹克精神、专门针对残障人士开展的国际性运动训练和比赛。特奥运动项目非常丰富,从最基本的机能活动到最高级的竞赛,适合各个年龄段和能力等级的特奥运动员。特殊奥林匹克运动会(简称特殊奥运会或特奥会)包括本地、国家、洲际和世界等不同级别。其中,世界特殊奥运会每两年举办一届,夏季和冬季交替举行。特奥活动在全世界范围内开展,全世界有超过165个国家成立了特奥组织。

五、全国助残日

全国助残日是中国残疾人的节日。1990年12月28日第七届全国人民代表大会常务委员会第十七次会议审议通过的《中华人民共和国残疾人保障法》第十四条规定:"每年五月第三个星期日,为全国助残日。"《中华人民共和国残疾人保障法》从1991年5月15日开始实施,"全国助残日"活动即从1991年开始推行。

六、世界自闭症日

自闭症作为一种严重的发育障碍,主要表现为社会交往、语言交流障碍和刻板的行为举止。由于沟通困难,患者无法表达自己的需求,情况严重的甚至会有自伤或暴力倾向等。迄今为止,科学家还没有找到自闭症确切的发病原因。

为了提高人们对自闭症的关注意识,争取早期治疗、改善患者的状况,联合国将每年4月2日定为世界自闭症日。这项决议由卡塔尔提出,另有50个国家共同提案。

后　　记

本书虽主要由我执笔,却像一块小小的"千人稿",凝结着我国特殊教育学学科许多专家学者的心血。为了使"学科指南"与大多数成熟的学术著作和教材保持一致,本书大量地引用了相关著作。例如,关键术语和核心概念部分,大量引用了我国著名特殊教育专家朴永馨教授编写的《特殊教育辞典》的内容;在特殊教育学学科发展史方面,大量引用了朱宗顺教授主编的《特殊教育史》的相关内容;在特殊教育研究的网络资源部分,也引用了郑俭教授编写的《特殊教育研究网络资源整合与解析》一书中的内容。我相信,他们会为自己对特殊教育学学科发展所做出的贡献而感到自豪和欣慰。

当今社会是一个日新月异、高速发展的信息化、数字化、网络化的社会,特殊教育学这门方兴未艾的新兴交叉学科,从基本理念、研究成果到教育、训练方法都在不断地发生变化。作为学科指南,本书也许就像是日夜奔腾的学术长河中的一朵微小的浪花,但我还是希望它能帮助有心的读者了解特殊教育学,自觉地参与到发展特殊教育学的行列中来,努力为实现社会的文明、进步贡献力量。

方俊明

2020 年 7 月 12 日